Roland **R**eber

psst …

Roland Reber

psst …

Gedichte . **G**edanken . **G**eschichten

ein multimediales Leseerlebnis
von und mit **R**oland **R**eber

wtp-verlag

Besucht uns im Internet
www.wtp-verlag.de

1.Auflage

wtp international GmbH, 86944 Unterdießen

Umschlaggestaltung: wtp international
Umschlagfoto: © Gudrun Schretzmeier
Autorenfoto: © Dieter Neidhardt
Gestaltung: Roland Reber, Mira Gittner, Antje Nikola Mönning
Satz: Mira Gittner
Druck: VDS-VERLAGSDRUCKEREI SCHMIDT,
Neustadt an der Aisch

ISBN 978-3-910480-00-1

auch als eBook und Hörbuch

Roland Reber
(11.8.1954 - 11.9.2022)

Einen Tag, bevor dieses Buch in Druck gehen sollte, ist Roland gestorben. Doch sein wacher Geist schwirrt noch durch alle Winkel unseres Hauses.
Wir haben uns überlegt, die begleitenden Texte nicht zu ändern, also von »Roland ist« in »Roland war«, denn so wie er das Buch haben wollte, soll es nun auch in Druck gehen.
Er war ein Rebell, ein Träumer, ein Phantast und so zitieren wir ihn, wie er sich selbst gerne sah und so, wie er tatsächlich von uns gegangen ist:
»Der Narr stirbt in einer tränenreichen Nacht.«

(Mira und Antje, Küche, 18.9.2022, 12 Uhr 07 Uhr)

Der Künstler fragte sich
eines Tages was er sei,
nachdenkend über diese
Problem vergaß er seine
Arbeit – so wurde er
ein Künstler.

(Versuche, 23.3.1978)

Das Ohr liest mit -
ein multimediales Leseerlebnis

... eine kurze Einführung in mein Buch

Vor über 20 Jahren wurden wir mit unserem Film *das zimmer* zum angelciti hollywood film festival nach Los Angeles eingeladen. Wie an den meisten Orten, die ich bereiste, begab ich mich dort in eine heimische Buchhandlung.

So stand ich also in Los Angeles in dieser Buchhandlung und begann zu stöbern. Eine sehr motivierte Verkäuferin wollte mir behilflich sein und fragte mich wild gestikulierend, ob ich denn ein Buch zum Lesen oder zum Hören suche. Dabei unterstrich sie ihre Frage mit überdeutlichen Handzeichen und setzte sich bei dem Wort ›Hören‹ imaginäre Kopfhörer auf. Ich schaute sie etwas irritiert an - mir hatte sich zum damaligen Zeitpunkt die Welt des Bücherhörens noch nicht erschlossen - und meinte lapidar: »Zum Lesen natürlich, was denn sonst?«.

Das war mein erster Kontakt mit der multimedialen Möglichkeit von Büchern.

Im Kino, TV oder Streaming folgt das Publikum dem vorgefertigten Verlauf eines Filmes, konsumiert eher passiv. Bei meinem multimedialen Buch - einem Mix aus Text, Audio und Video - möchte ich euch dazu einladen, aktiv zu werden.

Einige meiner Texte sind mit einem QR-Code versehen. Mit einem Smartphone, um die QR-Codes zu scannen (bei der eBook-Ausgabe die Codes/Links einfach anklicken), gelangt ihr zu bisher unveröffentlichten Ton- und Videoaufzeichnungen dieser Texte.

Wer kein Smartphone parat hat, der kann mit einem Computer über das Eintippen der Links zu diesen Extras gelangen.

Seid also mit dabei, wenn ich bei einem Soloabend 1991 meine Texte live vor Publikum erzähle. Reist mit mir zu einer Tonaufzeichnung von 1975 mit Gedichten und spontan während der Aufzeichnung entwickelten Kurzgeschichten. Blättert wild durch das Buch und lest, was euch gerade ins Auge springt. Fangt mit der Zugabe am Ende des Buches an oder betrachtet euch nur die Bilder - Fußabdrücke, die ich auf meinem künstlerischen Lebensweg hinterlassen habe.

Es gibt bei diesem Buch keine Reihenfolge, auch wenn es der Übersicht zuliebe in Kapitel eingeteilt ist.

Oder macht alles gleichzeitig: gucken, lesen, hören …

Und wenn all diese Puzzleteile zusammengefügt werden, dann ergeben sie vielleicht ein Gesamtbild, ein Großes Ganzes.

Und so stehe ich in meinen Gedanken wieder vor der Buchverkäuferin in Los Angeles und zeige ihr mit grossen Gesten mein Buch - zum Lesen, zum Hören und zum Gucken ...

Ich selbst bin immer neugierig auf Neues, seid ihr es auch …

euer

Roland

(12.5.2022)

Am Anfang war
das **W**ort,
der **S**atz
folgte
und dann
kam
der **D**ruck.
(1985)

Dreharbeiten zu dem Spielfilm *Ihr habt meine Seele gebogen wie einen schönen Tänzer,* Bochum 1979

Vorwort … oder so was Ähnliches

Was schreibt man über einen Menschen, der schreibt? Ich möchte nicht über die Gedichte schreiben, Roland überlässt die Interpretation seiner Texte immer den Rezipienten. Für ihn beginnt eine Geschichte in seiner Fantasie und endet in der der Leser oder Zuschauerinnen. Er selbst hat seine eigene Meinung dazu, aber die ist nie allgemeingültig und auch selten dauerhaft die gleiche. Vielleicht sind viele seiner Texte ganz einfach zeitlos, transzendent zwischen Zeit und Raum.

Roland sagt immer, »meine Filme sind Momentaufnahmen, würde ich den Film ein Jahr später drehen, würde es ein ganz anderer werden.« Und würden die Figuren von anderen Darstellerinnen und Darstellern gespielt, wären die Filme auch ganz andere, denn Roland schreibt die Texte und Rollen meist auf die jeweils Beteiligten zu, verarbeitet darin auch deren Persönlichkeiten und Erlebnisse.

Deshalb sind die in diesem Buch veröffentlichten Gedichte und Texte ein unverfälschter Blick in Rolands sehr persönliche Gedankenwelt.

Roland Reber mal ganz pur, mal ganz er selbst.

Für alle, die sich für eine zeitliche Einordnung interessieren, verweise ich auf die jeweiligen Einleitungen. Die meisten Texte sind datiert - zum Teil sehr präzise mit Ort, Datum und genauer Zeitangabe - so konnten sie den künstlerischen Lebensabschnitten zugeordnet werden.

Also erzähle ich lieber etwas über die Entstehung dieses Buches, so, wie ich dieses aufregende Projekt erlebt habe. Meine eigene Zeitreise durch das Universum des Schriftstellers Roland Reber.

Roland hebt gerne (fast) alles auf und steckt es in Kisten - meist ungeordnet, also das Flugticket nach Moskau und der Egyptair-Spiegel neben dem Vertrag vom Schauspiel Essen, neben einer handschriftlichen Notiz einer Telefonnummer, neben einem Gedicht, das er auf die Rückseite der handschriftlichen Notiz mit der Telefonnummer geschrieben hat, neben einem Telefonkabel und einer Dose 20 Jahre alter Pfefferminzbonbons. Es gibt einen Namen für diese Obsession - ich nenne es eine Leidenschaft für das Leben, das für ihn niemals weggeworfen gehört (siehe die alten Pfefferminzbonbons), sondern gefüllt (wie diese Kisten) und gelebt. Eine große Passion für all diese kleinen Dinge, die später den Lebensweg detailgetreu beschreiben. Roland sagt immer, es kommt auf die Details an, die Details erzählen die Geschichte.

So sitze ich also vor einer dieser Kisten und ziehe vorsichtig wie eine Archäologin aus dem Sammelsurium ein paar zusammengeheftete Papiere heraus. Auf der einen Seite ist eine Szene aus dem Textbuch für die SDR-Fernsehserie *Die kleine Heimat* von 1979 abgebildet, auf der Rückseite eine Art Selbstbildnis, das Roland mit Kugelschreiber darauf gezeichnet hat.

Und all diese Details erzählen mir heute, wann diese Zeichnung entstand, in welcher Situation und Stimmung Roland sich befand und dass seine Ideen nicht auf Knopfdruck kommen, sondern ihm zufliegen - auch während Dreharbeiten -, er sie mit seinem Stift einfängt und auf das schreibt, was gerade greifbar ist. In diesem Fall war es das Textbuch, das er wahrscheinlich in seinen Händen hielt, vielleicht in der Drehpause, vielleicht während der Probe. Roland braucht ja manchmal nur 2 Minuten für einen Text. Die Worte kommen, er schreibt sie auf und dann landen sie auf der Bühne, in einem

Film, in Erzählungen oder in einer Kiste.

Vergessen ja, aber nicht verloren.

Und ich denke mir: Roland, du hast recht. Und wie froh bin ich jetzt, dass ich all diese vielen Kisten bei vier Umzügen fluchend und schimpfend viele Treppenstufen rauf und runter geschleppt habe. Ja, du hast recht, Roland, das Leben schmeißt man nicht einfach so weg. Und jeder kleine Kofferaufkleber, der an deinem Koffer auf der Reise nach Jamaika hing, gehört zu deinem Leben und bezeugt, wie du es lebst.

Ich ziehe also Manuskript-Fragmente aus den Kisten, Ideen zu Theaterstücken oder Filmen, die zum Teil verwirklicht wurden, die ersten Fragmente dazu entstanden aber schon lange vorher.

Die Todesrevue zum Beispiel: 1984 nach dem Tod des Vaters auf die Theaterbühne gebracht, 2019 als Spielfilm ins Kino. Die Idee und der erste Entwurf entstanden aber schon 1980. Da sind schon die Figuren und Szenenabfolgen ausgearbeitet, der kabarettistische Leichenfahrer wurde ursprünglich für Hanns Dieter Hüsch geschrieben, im Theater hat ihn Roland selbst gespielt, im Film dann Eisi Gulp. Das Konzept lag 1980 auf dem Schreibtisch des Bochumer Intendanten, dann kam das Leben dazwischen und es landete in einer Kiste.

Ebenso die Idee für den Spielfilm *das zimmer*. Auch davon kam eine Skizze mit Beschreibung der ersten Szenen, angefertigt in den 70ern, aus einer Kiste hervor, dann noch einmal ein Exposé von 1989 (in einer anderen Kiste) - das war eine Wette über die Unmöglichkeit, in kurzer Zeit eine Geschichte zu entwickeln, die sowohl Spannung als auch Erotik beinhaltet. Roland schrieb innerhalb einer Nacht einen Entwurf über das verschlossene Zimmer, diesmal mit etwas Erotik garniert, und gewann die Wette.

Da hast du ganz schön geschummelt, lieber Roland, denn die Idee für *das zimmer* hattest du lange davor.

Vergessen, aber nicht verloren.

Diese Idee schlummerte dann noch viele Jahre in deinen Kisten und in deinem Geist, 1999 wurde sie geweckt und es entstand unser erster gemeinsamer Spielfilm und die Filmproduktion wtp international. Ja, das Leben schreibt immer noch die besten Geschichten.

Rolands Kisten sind die Speichersticks seines Hirns, seine ausgelagerten Festplatten, seine materielle Cloud.

Wenn ich Roland heute das ein oder andere Gedicht vorlese, wie zur Auswahl für dieses Buch, schaut er mich fragend an: »Habe ich das geschrieben?«. Ja, das hast du geschrieben. Dann freut er sich, weil es ihm anscheinend noch immer gefällt. Andere Texte sind sehr präsent, denn sie begleiten ihn sein ganzes Leben, immer wieder auftauchend in veränderter Form in seinen Filmen, Theaterstücken und Erzählungen. Ich nenne diese Texte, manchmal sind es auch nur ein paar Worte oder Sätze, gerne scherzhaft einen ›echten Reber‹.

Die aufmerksame Leserschaft wird in diesem Buch unterschiedliche Versionen eines Textes in verschiedenen Zeiträumen entdecken können. Oder auch die ein oder anderen Worte wiedererkennen, die in seinen Spielfilmen oder Theaterstücken auftauchen. Manche Texte waren Roland dann doch zu schade, um ganz in der Kisten-Versenkung zu verschwinden.

Etwas später wühle ich mich durch einen Schuhkarton mit Audiokassetten. Ich hole meinen 30 Jahre alten Walkman (und ich bin froh, dass Rolands Sammelleidenschaft schon etwas auf mich abgefärbt hat) hervor und höre mich durch Jimmy Cliff, Tina Turner und Radiointerviews, lausche Rolands Singstimme in einer Inszenierung von Jacques Offenbachs *Pariser Leben* am

Schauspielhaus Bochum von 1978, versinke in weißem Rauschen von leeren Kassetten und plötzlich ertönt: »Wegen Hawaii«. Mein Puls schnellt hoch, ich bin wieder hellwach. Höre ich da tatsächlich Rolands Stimme mit noch unentdeckten Texten? Ich folge gespannt den weiteren Gedichten und ja, die meisten kenne ich nicht.

Ich fühle mich wie Howard Carter bei der Entdeckung des Grabes von Tutanchamun. Ich habe nicht nur neue Gedichte für dieses Buch ausgegraben, sondern auch noch Rolands eigene Stimme.

Und dann stoße ich auf ein Foto von den Dreharbeiten zu *Mein Traum oder Die Einsamkeit ist nie allein.* Roland lässt sich als Regisseur im Rollstuhl durch das Bühnenbild fahren.

War das eine Vorahnung auf das, was kommen wird?

Der Geschichtenerzähler, der verstummt, weil die Gesichtsmuskeln nach einem Schlaganfall nicht mehr gehorchen, sodass du das, was du in voller Klarheit denkst, nicht mehr artikulieren kannst. Oder die Hände, die inzwischen Schwierigkeiten haben, einen Stift zu halten. Die Stimme, die du jahrzehntelang denjenigen gegeben hast, die keine hatten, findet keine Worte mehr.

Und doch sind diese vielen Ideen und Geschichten in dir und du hast noch viel zu sagen. Und auch wenn wir beide gerade gemeinsam mit Antje (und den Tipps von Ute, Patricia und Claire) an deinem Herzensprojekt schreiben - dem Mystery-Roman *Die 7 Orte* - denke ich mir manchmal: Vielleicht hast du ja auch schon alles aufgeschrieben. Wir müssen deinen Worten nur noch zuhören.

Also, psst … lassen wir jetzt die Texte sprechen.

Mira Gittner (31.08.2022, 19 Uhr 09,
Küche zu Hause)

Bochum, 1978

Die Liebe, einsam und allein …
die lyrischen 70er

Der Possenreißer, *Mistero Buffo*, 1979

kömödiant

wenn abends sich der vorhang
im vollen lichte hebt,
dann bin ich ein könig,
wenn ich auf den brettern steh.

draußen in deinen räumen,
fühl ich mich einsam und allein
und wünsche mir nichts so sehnlichst,
als auf der bühne zu sein.

ich geb dir einen ratschlag mit,
weil ich dich gar so lieb.
wenn ich einmal geh
und komm nicht zurück,
dann halte mich nicht bei der hand.
sag: " na und ? soll er doch gehn.
        s'ist eh nur ein komödiant ! "

roland reber

1975

Die Liebe, einsam und allein … die lyrischen 70er

(eine Einleitung von Mira Gittner)

manchmal weiss ich nicht

ob ich etwas

spezielles

sagen oder

nicht sagen

soll

darf

kann.

die schreibmaschine

hilft mir

weil sie kein gesicht hat

mit augen

die mich stoppen

können

mitten in einem satz.

…
so viel Papier
für
so wenige Worte
auf die
es ankommt.

Ich liebe dich.

Dies ist ein kurzer Auszug aus einem langen Gedicht, geschrieben 1979; vielleicht ist es auch eher ein Brief, aber diese Zeilen erzählen mehr über Rolands Motivation zu schreiben, als meine Worte es je könnten. Und vielleicht sind seine Texte, Filme und Theaterstücke - vielleicht sogar Literatur und Kunst an sich - Briefe an bestimmte Personen.

Worte. Das Jonglieren und Orchestrieren von Worten bleibt Rolands größte Leidenschaft.

Trotz Ausbildung an der Schauspielschule Bochum (1976-78) und vielen Bühnenauftritten - von Kleinkunstkellern und Kabarett-Bühnen über Open-Air-Vorstellungen am Neumarkt in Zürich, von den Bühnen der Schauspielhäuser Bochum, Essen und Düsseldorf über das Opernhaus Duisburg bis hin zum Theaterpathologischen Institut in Hattingen und Lünen und den internationalen Bühnen des Welt Theater Projektes -, sieht er sich mehr als Schriftsteller und Regisseur denn als Schauspieler. Wobei die Regie letztendlich nur eine Weiterführung des Schreibens ist - die Inszenierung von Worten.

Worte als Tür zu anderen Menschen, zu anderen Perspektiven, zu anderen Welten. Doch um die Fähigkeit zu einem echten Dialog zu entwickeln, bedarf es für Roland eines behutsamen Umgangs mit Worten. Denn Worte haben Konsequenzen.

So verarbeitet er die menschliche Unfähigkeit zu kommunizieren in seinen Theaterstücken, Filmen, Essays und Gedichten - seine Figuren monologisieren oftmals, anstatt sich wirklich miteinander auseinanderzusetzen -, denn daraus resultieren seiner Meinung nach die meisten Probleme und Missverständnisse in unser aller zwischenmenschlichem Leben.

Worte, die offenbaren, Worte, die wärmen, aber auch Worte, die verletzen - Worte, die töten.

»Worte sind Waffen«, wird er später schreiben.

»Dass wir in all dem, was wir reden, und es wird sehr viel geredet in allen Medien, unheimlich sprachlos sind. Weil wir nichts mehr mitteilen mit der Sprache. Es gibt Menschen, die sind einsam, es gibt Menschen, die sind auf der Suche nach irgendwas. Wenn dann jemand auf eine nicht ernst gemeinte Floskel eingeht, sie für wahr nimmt, das heißt, wenn jemand in die Falle tappt - in die Falle, die er selbst auch jeden Tag anderen stellt -, wenn er dann aber trotzdem einen Menschen braucht, dessen Wärme braucht, die Nähe braucht, Zuwendung braucht, Wahrheit braucht und sie nicht bekommt - dann kann es eben auch tödlich enden.« (Roland Reber, kurz RR)

Und in direktem Zusammenhang steht für ihn der Umgang mit Wahrheit. Nur welche Wahrheit ist die Wahrheit? Meine? Deine? Ist Wahrheit vielleicht nur eine Verabredung?

Er umkreist die Fragen mit seinen Texten, versucht mit jedem geschriebenen Wort den Schutt des Lebens ein Stück mehr abzutragen, um sich dem Begriff ›Wahrheit‹ - und auch sich selbst - anzunähern.

Ist es schon Wahrheit oder nur eine Meinung, eine Taktik?

»Ich werde nicht mehr lügen, weil Lüge Angst ist und davon hatte ich in meinem Leben genug«, schreibt er.

Und mit jeder vermeintlich gefundenen Antwort stellt sich ihm eine weitere Frage, die er von Neuem zu ergründen sucht - es ist dieser Prozess, sowohl im Leben als auch in seinem künstlerischen Schaffen, der ihn interessiert, denn die eine Antwort gibt es für ihn nicht.

»Antworten sind nicht so wichtig. Antworten sollten das Ergebnis einer Reflexion sein, die sich individuell in den Köpfen der Zuschauer entwickelt. Jeder Zuschauer sollte gewillt sein, zu denken und eine eigene Interpretation finden - oder sie zumindest suchen. Es geht um die Auseinandersetzung mit sich selbst.« (RR)

Ist die Wahrheit, die ich denke, auch die Wahrheit, die ich ausspreche? Liegt die Lüge gar nicht so sehr in der Diskrepanz zwischen Gedanke und Wort, sondern vielmehr in dem Unwissen darüber? Im Selbstbetrug?

Ist somit der Mensch, der weiß, dass er lügt, ehrlicher (zumindest sich selbst gegenüber) als die Person, die sich belügt, indem sie die Lüge, die sie ausspricht, für wahr hält?

»Es ist so einfach, die Wahrheit zu sagen, weil sie auf unserer Seele liegt und wir sie nur aussprechen müssen«, wird er später schreiben.

»Aber auch Wahrheit kann sehr verletzend sein. Ich habe sehr viele Bekannte gehabt, die an der Wahrheit gestorben sind. Weil sie sie nicht ertragen haben. Weil sie in einer Lüge großgeworden sind, weil sie ein Bild von sich, von ihrer Umwelt, von ihren Freunden, von ihren Verwandten, ihren Partnern hatten, das eben ein Trugbild war. Und als sie dann die Wahrheit erfuhren, griffen sie zum Messer, zum Strick, zur Pistole, was weiß ich, sprangen von Brücken. Die Wahrheit tötet auch, ja.« (RR)

Worte, Wahrheit, Liebe. Die großen Themen seines Lebens. Das Leben (das den Tod impliziert) und die Liebe. Für ihn synonym. Und wenn die Suche nach Wahrheit sein Motor ist, so bleibt die Liebe sein Anker auf dem unruhigen Meer des Lebens. Denn hinter all seiner Kritik, in all seinem Aufbegehren und seinen

SCHRIFTSTELLEREI

ARBEITSPLAN 1975

	Nr.	Titel	Fertigstellung	Akte	Dauer	Personen	Thema
Theaterstücke:	1.	und bleiben doch allein	fertig	3 Akte	ca. 70 Minuten	5 Personen	Vereinsamung
	2.	brasilien	bis Ende Mai	3 Akte	gepl. ca. 90 Minuten	ca. 6-8 Personen	Gedanken-Ideenfront
	3.	die unschuldigen	bis Anfang Juni	3 Akte	gepl. ca. 110 Minuten	10 Personen	Abtreibung-Schuld
	4.	die Kälte	bis Anfang Juni	3 Akte	gepl. ca. 110 Minuten	? Personen	Selbstmord
	5.	das lachen - das weinen	bis Mitte Juli	2 Akte	gepl. ca. 60 Minuten (30 pro Akt)	2 Personen	Problembewältigung
	6.	ich bin ein schwein!	bis Anfang Mai	ca. 12 SZENEN	gepl. ca 60 Minuten	? Personen	Selbstanklage
	7.	besinnung	bis Anfang Juli	ca. 12 SZENEN	gepl. ca 80 Minuten	ca. 14 Personen	Jugendarrest
Romane:	1.	des lebens ganze fülle	bis Ende August	—	—	—	Lebensweg
	2.	elefantenfriedhof	bis Anfang Oktober	—	—	—	Selbstmord
Gedichte:	1.	speyerer lyrik	fertig				
	2.	auf der suche nach dem „ich"	teilfertig				

SCHAUSPIELEREI

1. GRÜNDUNG DES FREIEN ENSEMBLE LUDWIGSHAFEN (FEL)
2. ROLLENSTUDIUM von:
   a) „Blick zurück im Zorn" von Osborn [Jimmy]
   b) „Der gute Gott von Manhattan" Bachmann [der gute Gott]
   c) „König Johann" Dürrenmatt [König Johann]
3. THEORIE:
   1. Kindertheater
   2. Straßentheater
   3. Absurdes Theater
   4. Allgemeine Schauspielkunde

Dieser Plan entstand in WORMS in der JAA am 16. März 1975 um ca. 14 Uhr.

Roland Rebe

Provokationen versteckt sich eine große Wärme für den Menschen. »Du bist meine letzte Antwort. Du bist mein Weg«, schreibt er über die Liebe, »entschuldige, dass ich dachte, du seist auch gegangen.«

Oder: »Liebe ist stärker als alle Macht der Welt.«

Und er durchlebt die Liebe und das Leben in allen Facetten bis zum Punkt der absoluten Aufgabe: die unerhörte Liebe, die verlassene Liebe, die verschlissene, die beengende Liebe, das Überprüfen von Liebe, die verzweifelte Liebe, die beflügelnde Liebe, die gelebte oder nicht gelebte Liebe - die Wahnsinnsliebe.

»Und ich glaube auch, dass ich bis zu dem Zeitpunkt, wo ich sterben werde, immer wieder diesen Punkt suchen werde, nämlich den Punkt suchen werde, mich so weit aufzugeben, damit ich mich finde. Und ich hoffe, dass es dieses Exzessive, dieses Ausloten bis zum Geht-nicht-mehr, wirklich gibt, und das suche ich. Das werde ich immer suchen. Weil für mich gibt es nicht Dinge, die ich halb mache. Ich lebe etwas durch und ich lebe es exzessiv durch.« (RR)

In dieser schriftstellerisch sehr kreativen Zeit der 70er-Jahre entstanden neben den hier veröffentlichten Gedichten und Essays auch - zum Teil nur in Fragmenten - Theaterstücke, Drehbücher und Romanvorlagen, die es nie zur Veröffentlichung geschafft haben, weil sie irgendwann in einer seiner Kisten verschwanden.

Vergessen ja, aber nicht verloren.

Unabhängig sein, frei - frei von Reglementierungen durch andere, frei für seine Ideen - und selbstbestimmt wollte er sein. Er wollte einfach er selbst sein, kein Schreiner wie sein Vater, kein Krankenpfleger, auch wenn er eine 2-jährige Ausbildung zur Pflegefachkraft machte. Er wollte nur schreiben.

Er wollte all das, was man ihm in sein Hirn reingeschrieben hatte, wieder rausschrei(b)en. Das Erzählen und das Erleben - das Erlebte erzählen und das Erzählte erleben - Worte als Spiegel. Und vielleicht kann auch nur die Poesie diese tieferen Gedanken sichtbar machen.

Ein Kopf voller Ideen traf auf den Tatendrang eines jungen, stürmischen Menschen: Eine eigene Zeitung wollte er machen. Als Statist am Mannheimer Schauspiel fand er Gefallen an der Darstellung des Menschen. Er schrieb eine Petition für bessere Haftbedingungen für Jugendliche, wobei er Jugendarrest grundsätzlich in Frage strellte. Und es gab eine schon sehr konkrete Idee von einem Freien Ensemble Ludwigshafen (FEL) - eine unabhängige, demokratisch geführte Bühne.

Bochum, ca. 1976

Es gab wilde Experimente, wie zum Beispiel eine vorgetäuschte »Entführung« 1974, um aufzuzeigen, dass Beobachtungen und Zeugenaussagen subjektiv sind. Dass Erinnerung und Tatsache oft auseinanderliegen. Dass Wahrnehmung auch immer Interpretation ist.

Welche Wahrheit? Deine? Meine?

So fuhr er mit seinen »Mittätern« in einem Van zu einer Bushaltestelle, sie »entführten« einen eingeweihten Kumpel, »bewaffnet« mit einem Wagenheber (einige Zeugen haben darin ein Maschinengewehr gesehen und Schüsse gehört) und wurden später mit einem großen Aufgebot der Polizei gesucht und gestellt.

Die Staatsanwaltschaft forderte eine Freihcitsstrafe wegen Vortäuschung einer Straftat. Es war die Zeit der linksterroristischen Gruppierungen. Die Gruppe um Reber wollte, laut Staatsanwaltschaft, die Polizei an sich binden und ablenken, damit linksterroristische Zellen frei agieren können. Das Verfahren wurde letztendlich eingestellt. Auch die Polizei wollte nicht öffentlich ausdiskutieren, warum ein paar Jungs sie so an der Nase herumführen konnten.

Es war ein Jahrzehnt des Aufbegehrens gegen das Alteingesessene, der gesellschaftlichen Neuorientierung einer heranwachsenden Generation. Roland hatte seine ganz eigene Art der politischen Revolution: »Nicht auf der Strasse fängt sie an, die Revolution, nicht im Parlament. In der Familie fängt sie an«, schreibt er. Für ihn fängt Revolution bei einem selbst an.

»Ich bin politisch insoweit, indem ich Politik deute in dem Verhalten gegenüber Menschen oder der Gesellschaft. Ich bin kein parteipolitischer Mensch. Weil ich die eine Partei für so versifft halte wie die andere. Und ich glaube, dass weder eine Bombe noch eine blutige Revolution eine Chance hat. Sie bringt nichts. Was wir brauchen, ist die Revolution des Geistes. Wenn es keine Dummen mehr gibt, die man dumm hält. Wenn jeder ein Wissen hat. Wenn jeder sich begreift. Wenn jeder die Welt ein bisschen begreift. Dann kann man nicht mehr so viele wie Lämmer in den Tod führen.

Und das wird die einzige Revolution sein, die wirklich Erfolg hat. Nicht die Revolution der Bomben, die Revolution des Wissens, die Revolution der Hirne.« (RR)

So einfach.

Zu einfach, wird er zwei Jahrzehnte später schreiben.

Im Haus der Jugend in Ludwigshafen, einem kreativen Treffpunkt, in dem auch denjenigen, die nicht mit ihrer Umwelt zurechtkamen, Hilfe angeboten wurde, setzte sich Roland als Vorsitzender des Veranstaltungsausschusses für die Belange der Jugendlichen ein.

»Vor Ihnen steht die personifizierte Jugend. Ihnen mag es richtig erscheinen, uns zu bevormunden, uns den Lebensraum zu nehmen. Wir aber, wir ersticken«, schreibt er 1973.

Ein Mitspracherecht sollte eingeführt werden: »Das Haus der Jugend gehört der Jugend, nicht der Leitung«, so sein Slogan im Hausparlament.

Hier sammelte er auf der hauseigenen ›Probebühne‹ seine ersten Erfahrungen als Schauspieler und Regieassistent. Die Gruppe spielte mit ihren Einaktern von Dario Fo vorrangig in Jugendzentren und Strafvollzugsanstalten - Theater als Verständigung.

ca. 1976

Es war sein erster Kontakt mit Dario Fo, dessen *Mistero Buffo* seiner Theaterseele so sehr entsprach - der Protest gegen die Unterdrückung durch vorgegebene Strukturen, der Kampf um eine andere Weltsicht und der Ausbruch aus dem gängigen Kulturbetrieb - sodass er dieses Mysterienspiel nicht nur für die Aufnahmeprüfung an der Schauspielschule einstudierte, sondern sein ganzes weiteres Theater-Leben quer durch den deutschsprachigen Raum spielen sollte.

»Kraftvolles Theatermachen, natürlich und mit dem Menschen im Vordergrund … wenn man dieses Energiebündel bei der Arbeit sieht - und sich genießerisch vorstellt, was noch kommen kann an Reber-Theater«, schrieb 1977 die Zeitschrift ›Gegentakt‹ über das Gastspiel von *Mistero Buffo* in Ludwigshafen.

1979/80 drehte Roland - zusammen mit Hanns Dieter Hüsch (in der Rolle seines Sohnes) - die vom SDR produzierte Serie *Die kleine Heimat.*

Die kleine Heimat, Stuttgart 1979

Beim Schnitt des Spielfilmes *Ihr habt m,eine Seele gebogen wie einen schönen Tänzer*, Berlin 1979

Also war die Wende zum Film 20 Jahre später kein Abwenden vom Theater, sondern eher ein sich Rückbesinnen auf die Anfänge. Ein Kreis, der sich schließt. Ein Bahnhof, in den der Zug nach einer langen, abenteuerlichen Runde wieder einfährt. Auch im Sinne der Art und Weise, zu inszenieren.

Denn schon in seinem ersten Spielfilm *Ihr habt meine Seele gebogen wie einen schönen Tänzer* von 1979 besetzte er die Rollen sowohl mit Profis wie Ensemblemitgliedern des Schauspielhauses Bochum als auch mit begabten Laienschauspielern. Das Drehbuch diente als Vorschlag, die Schauspielerinnen, Schauspieler und die Crew hatten gestalterisches Mitspracherecht, denn sie sind für Roland eigenständige Künstler, Mitgestalter, die gemeinsam eine Idee umsetzen. Das Ensemble ist mehr als nur die Summe der Einzelnen.

Diesem Gemeinschaftsgedanken ist Roland bis heute treu geblieben.

(MG, Küche, 23.11.2021, 15 Uhr 41)

Bochum, 1979

18

Richtet mich nicht ohne 3 Tage in meiner Haut gesteckt zu haben.

Ludwigshafen den 16. Mai 1975

19^{30} Uhr

Wohnung: Harry Seemann

Ludwigstraße 42a

Es geht bergauf!

- so habt ihr mir gesagt.
Ich müsst' nur warten
und geduldig sitzen.
Ich müsste etwas fleißig sein
und ab und zu mal schwitzen.
Es geht bergauf!
- so habt ihr mir versprochen.
Du musst nur immer
glauben an dich selbst.
Ich glaub, ihr habt
das heilige Versprechen
schon längst gebrochen.
Doch ich bleib,
wie ich immer war.
Ob oben oder unten,
das ist mir ganz egal,
mag kommen, was da komme,
ich bleibe, was ich war.
Ihr sagtet: Wenn du einmal
dich bückst vor hohen Herrn,
dann wird es schneller gehn.
Ich mache es nicht gern.
Und ich werde es nicht tun.
Und wenn ich unten bleib,
mein Charakter ist oben -
und das zählt in dieser Zeit.
Es gibt genug, die kriechen,
genug, die nicht mehr sind
als kleine Marionetten,
als Papierdrachen im Wind.

Nun, ich bin kein hoher Herr
und auch kein Titel ziert mein Namensschild.
Doch für mich bleib ich immer,
was ich heute bin.
Und schau ich in den Spiegel,
dann seh ich immer noch mich.
Doch schau du mal in den Spiegel -
erkennst du dein Gesicht?

(Audiokassette, 1975)

https://www.wtpfilm.com/es-geht-bergauf/

Bochum, 1978

Für die die nicht erkoren sind
schreib ich meine Lieder
Und jene die verloren sind
singen sie dann wieder.
für die die einsam stehen
mach ich meine Reime
und für jene die glücklich sind
mach ich eben keine.

Wenn ich einmal traurig bin
nun ihr wisst schon was ich meine
singt für mich ein traurig Lied
denn Rettung gibt es keine.
Und wenn ich in dem Heer der Trauer
schweigend einst dahermarschier
singt mit mir die alte Weise
denn Rettung gibt es hier nicht mehr.
Und am Ende aller Qualen
laßt uns eingehakt dann gehn
singend wollen wir daran erinnern
das es keine Rettung gibt.

(1974)

stumm

ich kam zu dir
über die berge
die die bagger abgetragen

durch die flüsse
die längst ausgetrocknet

durch den dschungel
der städte
in denen das tier mensch

durch die schluchten
aus beton
wo die sonne so kalt

ich kam
um zu sagen
wie sehr ich dich liebe

und siehe
als ich angekommen
da war auch ich
zu stein geworden -
stumm.

(stuttgart 1979)

https://www.wtpfilm.com/stumm/

Die Kleine Heimat,
Süddeutscher Rundfunk, Stuttgart 1979

Du bist nicht auf der Welt
um meine Erfüllung zu sein.
Ich bin nicht auf der Welt
um deine Erfüllung zu sein.
Du bist Du
Ich bin ich
Wenn wir uns treffen
an einem Schnittpunkt unseres Lebens
(so im Vorbeigleiten)
kann es schön werden.

R.R.

(Ludwigshafen, ca. 1975)

Schon oft habe ich mir gesagt
heute wirst du ihm fragen.
Ich wollte dich fragen
ob ich dir noch gefalle
ob du mich noch liebst.

Ich wollte dich bitten
mir die wahrheit zu sagen.
Die wahrheit.
Schonungslos.

Aber, als du dann kamst,
kam mit dir die Angst
du würdest mich bei der antwort belügen.
und die viel größere Angst
du würdest mir wirklich die wahrheit sagen.

Ich werde dich nie fragen.

(Ludwigshafen, ca. 1975)

Hawaii

https://www.wtpfilm.com/hawaii/

»Wegen Hawaii«, hatte ich ihnen gesagt.

Und sie hatten mich ungläubig, verstört, angeschaut.

»Wegen Hawaii«, hab ich ihnen gesagt.

Doch sie haben es nicht begriffen. Sie standen um mich herum, der Bürgermeister, die Polizei, die Krankenwagenmänner, die Passanten, sie konnten es nicht begreifen.

»Wegen Hawaii«, hab ich ihnen einfach gesagt. Als sie mich entlassen hatten, als sie mich hinausstießen in den Trubel, als sie mir meine ›Heimat‹ gaben, wie sie es nannten, als sie mir das Unrecht wiedergutzumachen versuchten, da taten sie mir unrecht.

Vor zwölf Jahren, da sagte der Richter in diesem überfüllten Saale: »Einen Menschen wie Sie muss man einsperren, für immer. Siebzehn Jahre war sie alt gewesen, unschuldig. Sie haben sie ermordet. Sie sind ein Tier. Lebenslänglich.«

Das ›lebenslänglich‹ klang hinein in den Saal, es wand sich in mein Hirn, es dröhnte, stieß nach außen. Den Schrei, den ich tun wollte, konnte ich nicht tun, er schallte in mich hinein, dumpf.

Dann haben sie mich in die Zelle gebracht. Fünf Meter auf drei Meter. Sie haben zu mir gesagt: »Hier wirst du wohl verrecken, du Mörder!«

Und dann haben sie mich allein gelassen. Tag für Tag. Monat für Monat. Jahr für Jahr. Und ich bin auf und ab gegangen. Stunde um Stunde. Tag um Tag. Jahr um Jahr. Schritt für Schritt. Schritt für Schritt.

Und ich habe geschrien.

Ich habe meine Unschuld hinausgeschrien in den Raum. Ich habe gesagt: »Ich war es nicht. Ich bin unschuldig.«

Doch niemand wollte es hören.

Vielleicht konnte es niemand hören zwischen den dicken Mauern aus Beton.

Ja, und dann, dann kam der Gefängnispfarrer eines Tages. Er sagte zu mir: »Sie haben seit drei Jahren nichts gelesen. Sie haben sich nie etwas aus der Bibliothek kommen lassen. Soll ich Ihnen ein Buch schicken?« Und ich sagte: »Wenn Sie wollen. Aber - ich bin unschuldig.«

Am nächsten Tag brachten sie mir ein Buch. Es war ein Buch von der Südsee. Und während ich auf meinem Bette saß - das Licht brach sich in der Scheibe und malte das Gitter auch auf den Boden, als ob es nicht genügte, dass es am Fenster war -, und während ich las, und während ich immer wieder auf den Boden schaute, und während ich meine Zelle zum millionsten Male mit den Augen abtastete, da schlug von der Tür eine Welle über mich, eine blaue Welle mit weißer Krone. Und dort, wo die Tür war, da stand oben auf einem Hügel meine Hütte. Und da, wo ich lag, da war weißer Strand. Und da, wo früher mal das Fenster gewesen war, da war nun weit über dem Meer eine Insel. Und unter einer Palme stand ein Mädchen und winkte mir zu. Ich sagte zu mir: »Siehst du, nun bist du wahnsinnig geworden.«

Ich lebte auf meiner Insel, in meiner Hütte unter den Palmen und immer wieder sagte ich mir: »Siehst du, nun bist du wahnsinnig geworden.«

Und eines Tages kam der Pfarrer über das Meer geschwommen, setzte sich wieder irgendwo auf den

Sandstrand, der früher meine Zelle war, und sagte: »Wir wollen heute einmal sprechen über das Wort ›Heimat‹.«

Und er erzählte mir von der Heimat, zu der man immer wieder treibt, dort, wo die Erinnerungen ruhen, in die Vergangenheit zurück. Und er erzählte mir im Anschluss daran von Gott und Jesus, und dass auch sie irgendwo eine Heimat hatten. Nur dass diese Heimat kein Land und keine Stadt war, sondern der Himmel. Und dieser Himmel wiederum als die Allegorie des Unendlichen.

Als er gegangen war, wieder über das Meer hinweg, als ich ihn nicht mehr erblicken konnte an meinem Strande, da sagte ich zu mir: »Du bist nicht wahnsinnig. Nein, deine Heimat ist Hawaii. Gott oder Jesus haben dir eine Heimat geschenkt. Heimat ist nicht etwa der Stadtteil oder das Haus, in dem man geboren und aufgewachsen ist. Nein, Heimat, das sind die Träume, die Wünsche, die Sehnsüchte. In jedem Menschen ist irgendwo eine Heimat. Und diese Heimat ist nie das Haus oder der Stadtteil, in dem man geboren wurde. Die Heimat ist irgendwo fern, ein Schloss, ein fernes Land, Palmen und Meer oder vielleicht ein Auto, eine Frau, ein beruflicher Aufstieg. Heimat, das ist in uns, wo wir hinstreben. All unsere Sehnsucht, all unser Verlangen sucht diese Heimat. Und meine Heimat ist Hawaii.«

Und weil Gott das Unrecht sah, das mir geschah, schenkte er mir Hawaii. Und ich lebte dort viele, viele Jahre. Ab und zu kam ein Mann. Er brachte mir Essen, Nüsse, Kokosmilch. Und dann ging er wieder und schüttelte immer den Kopf, wenn er mit seinem Kanu meinen Strand verließ.

Und dann sind sie gekommen und haben mich von meinem Strand weggeholt. Und als ich ein paar Schritte gegangen war, stand ich in einem Flur, und da stand ein Mann vor mir, den ich wiedererkannte. Es war der Gefängnisdirektor. Und er sagte: »Sie sind frei. Ein anderer kam und hat gestanden.«

Ich sagte: »Herr Direktor, hören Sie mir genau zu. Was ich hier gefunden habe, ist Hawaii. Mein Hawaii. Ich gehe nicht weg.«

Und dann haben sie mich gezwungen zu gehen.

Und als ich dann in dem großen Saal stand, es war mein alter Schulsaal, und der Bürgermeister eine Rede hielt und sagte: »Ein Sohn unserer Stadt ist unschuldig hinter Gitter gekommen«, und als dieselben Menschen, die damals im Gerichtssaal auf mich spuckten, gesagt haben: »Armer Mann«, da ergriff auch ich das Wort und sagte zu ihnen: »Ich möchte zurück. Es ist mir unrecht getan worden. Nach zwölf Jahren kam einer und nahm mir alles, meine Heimat.« Und sie verstanden nicht, was ich meinte, und ich ging.

Ich lief den ganzen Tag in der Stadt umher. Doch nirgends fand ich eine Heimat.

Da sah ich eine Toreinfahrt, in die Kinder Blumen gemalt hatten, und ich erkannte, es musste irgendein Zeichen sein. Ein Zeichen, das man für mich setzte. Kinder, unschuldige Kinderhände, sollten mir den Weg weisen.

Ich wusste, vielleicht hinter diesem Haus, hinter diesem Garten, hinter dieser Toreinfahrt, da liegt wieder mein Hawaii. Und hier wollte ich bleiben. Und ich blieb sitzen. Ich rührte mich nicht.

Dann kamen sie. Und sagten: »Armer Mann, komm mit.« Und ich sagte: »Nein, ich will hier warten, bis das

Porträt, 1977

Mädchen von der Palme kommt und mich holt, bis sie mir wieder Kokosmilch zu trinken gibt und ich an meinem Strand liege.«

Und dann haben sie den Bürgermeister geholt und er redete auf mich ein. Doch ich ließ mich nicht beirren.

Ich sagte: »Nein.«

Da haben sie die Polizei und den Krankenwagen geholt. Und da sah ich die Schaufel stehen.

Und ich nahm sie und schlug um mich.

Und wie der rote Horizont abends auf Hawaii, färbte sich alles um mich rot.

Und dann, dann haben sie mich überwältigt.

Und sie brachten mich zurück. Nach Hawaii.

Nach Hawaii.

Nach Hawaii.

(spontane Erzählung, die während der Aufzeichnung entstand, Audiokassette, 1975)

1 22.10.75 die liebe ist wie ein fluß ......

sie standen an den ufern des flußes
nur ihre beine waren umflossen vonder flut.
sie lebten träge dahin,
ohne aufregung.
sie konnten nicht ertrinken,
da das wasser an den ufern niedrig war.

die liebe ist wie ein fluß,
in dem man schwimmen kann,
aber auch ertrinken.
irgendwann kommt man zu einem großen meer
und erkennt sich selbst nicht mehr.

da sahen sie sich,
gegenüberstehend an den ufern
und wollten zueinander
und sie stiegen hinein in die flut,
das wasser benetzte sie ganz.
wider alle vernunft, schlugen sie kräftig mit den armen,
nicht beachtend ihrer kräfte.

die liebe ist wie ein fluß,
in dem man schwimmen kann,
aber auch ertrinken.
irgendwann kammt man zu einem großen meer
und erkennt sich selbst nicht mehr.

sie schwammen nebeneinander her,
gegen die flut an.
und die wellen umschäumten sie
und sie lächelten sich zu,
nicht achtend ihrer situation.
denn sie wollten nicht zurückkehren
zu den ufern der sicherheit.

die liebe ist wie ein fluß,
in dem man schwim en kann,
aber auch ertrinken.
irgendwann kom t man zu einem großen meer
und erkennt sich selbst nicht mehr.

als die kräfte sie verließen
auf der langen reise ihrer sehnsucht,
da wollten sie einander nicht mehr verlassen,
weil sie es nicht mehr konnten.
sie hatten angst vor den einsamen ufern
der vorsicht und der vernunft.
und sie wollten lieber zusammen sterben,
so sprachen sie.

die liebe ist wie ein fluß,
in dem man schwimmen kann,
aber auch ertrinken.
irgendwann kommt man zu einem großen meer
und erkennt sich selbst nicht mehr.

und dann begannen sie sich zu beschimpfen,
nicht bedenkend,daß sie selbst es waren
die sich ins verderben trieben.
sie kratzten sich,
mit ihren müden armen,
während des schwimmens,
die augen aus.
blind gingen sie unter,
verlacht von der an den ufern stehenden menge.

die leibe ist wie ein fluß,
in dem man schwimmen kann,
aber auch ertrinken.
irgendwann kommt man zu einem großen meer
und erkennt sich selbst nicht mehr.

roland reber
1975

https://www.wtpfilm.com/die-liebe-ist-wie-ein-fluss/

Der Possenreißer, *Mistero Buffo*, Ludwigshafen 1977

https://www.wtpfilm.com/muttersosprichtdaskinde/

Mutter,

so spricht das Kinde,
ich bin immer so allein.
Mutter, so spricht das Kind,
muss das immer so sein?

Was kann ich dafür, dass ich schwarz bin
und die andern sind alle weiß?
Einen Gott muss es für uns alle geben,
der keinen Unterschied weiß.
Mein Herz schlägt wie das ihre,
mein Verstand ist so scharf wie bei ihnen.
Und doch bekommen sie Liebe
und ich immer nur Hiebe.

Mutter, so spricht das Kind,
warum bin ich schwarz?
Mutter, so spricht das Kind,
sind wir fehl am Platz?
Gehört diese Welt nur den Weißen
und sind wir nur irgendein Getier?
Warum hast du mich geboren,
Mutter, sage es mir.

Da sagt die Mutter zum Kind,
ich habe einmal geglaubt,
es wird so vieles sich ändern,
doch jetzt bin auch ich der Hoffnung beraubt.

Würde es uns Schwarze nicht geben,
dann würden sie uns machen schwarz.
Denn wann kann der Hohe sich brüsten,
wenn es den Niederen nicht gab?
Sie brauchen uns, Sohn, denn wir sind
für sie immer nur das Schlechte.
Und wenn sie in den Spiegel schauen,
dann sehen sie sich als die Rechten.

Und gäbe es uns nicht,
dann machten sie aus uns
mit Farbe einfach die ›Mohren‹.
Glaub mir, mein Sohn,
ob schwarz oder weiß,
wir wären immer verloren.

Da sagt das Kind zur Mutter,
und gibt es kein Land irgendwo,
wo auch wir leben und uns freuen,
ich meine, weißt du nicht wo?
Da sagt die Mutter zum Kinde,
auf dieser Erde nicht.
Doch ob du schwarz oder weiß bist,
Gott schaut nicht ins Gesicht.

Da haben sie genommen
drei Röhrchen des tödlichen Gifts.
Und als sie am Himmelstor standen,
da öffnete es sich nicht.
Heraus schaut ein weißer Petrus
und schaut sie grimmig an.

Und sagt: Was wollt ihr Neger hier?
Der Himmel ist nur für den weißen Mann.

Und heut noch erzählen die »Neger«
sich in mancher pechschwarzen Nacht,
dass Mutter und Sohn erscheinen.
Und sie rufen noch als Gespenster:
Steh auf, du schwarzes Volk!
Befreie dich von den Ketten!
Wir doch gerne hätten
einen Platz im Paradies.

Solange selbst der Himmel
den Schwarzen noch verwehrt,
solange im Getümmel
auf dieser Erde währt
der Rassismus,
der Glaube,
dass Weiß was Besonderes wär,
solange wird auch im Himmel
ihnen ein Platz verwehrt.

(Audiokassette, 1975)

Kein schöner Land, Bochumer Schauspielhaus 1978

Siehst Du,
nun ist es Abend geworden 1.
und wir sind müde und leer.
Verflogen sind die große Worte
eingetaucht in's Schweigenmeer.
Unsre Augen blicken traurig
die Gedanken wiegen schwer.
Das Schöne – ~~ist uns~~ wir haben es längst vergessen
und eine Zukunft gibt's nicht mehr.
Wie kleine Kinder,
reden wir von einem „morgen"
daß es für uns schon lange nicht
mehr gibt.
Blickend auf den Trümmerhaufen
sagen wir fassungslos:
Wir haben doch geliebt.

R

30. Aug. 75

Lied der Sünder

da ziehen wir hin
durch regen und wind,
mit uns führend die traurig gewissheit.
wir wissen das wir uns einmal vertan.
wohl ahnend des kommenden urteils.

so fliehen wir stets
auf schwerem fuß,
erwartend das endgültige zeichen,
das sich nun bald wird sich zeigen.

die flucht endet nie.
wie könnte sie auch ?
uns treibt ja die lust
zum ende.
wir spielen das grausame spiel
unschuldig, -
schuldig-
behende.
ob gott oder richter,
ob freispruch ob tod,
wir können nicht lassen
was die lust und gebot.
erhaben und niedrig,
häßlich und schön,
egal ob als bettler,
als könig.
wir hören nicht auf in den
himmel zu spähn,
erhoffend das göttliche erbe.

da ziehen wir hin durch
regen und wind.
nicht lassend zu brechen die gebote.
wir wissen,daßr wir nur wenige sind,
wenige die wirklich leben,
unter all den toten.

(1974)

Das Feuerwerk ist schon im Gange.
Die Leuchtraketen fliegen hoch, die Frösch knallen
Sekt bald ausgetrunken
Das alte Jahr es ist vorbei
das neue hat sich eingefunden.
Die Menge tanzt es klingen Stimmungslieder
doch ich sitz einsam fast allein
ich möchte weinen,
möchte denken.
Möcht dem alten Jahr,
noch eine Halbe Stunde schenken.
Warst eine Hure, altes Jahr.
Mal oben und mal unten
hast Glück gebracht,
hast liebe Menschen mir genommen
und bist klammheimlich dann ~~verschwunden~~. entkamen
So schlecht warst auch nicht
wie so viele sagen,
das du mußt fliehen vor den Feuergarben,
vor den Raketen und Den Böllern.
In deinem Rucksack nimmst du mit,
viel was mir viel gewesen.
So ist das Leben altes Jahr,
die Zeit verlanget ihr Spesen.
Ich habe nicht auf dich geschossen,
hab nicht geschrien,
Prosit Neujahr.
Ich hab dich heimlich mitgenommen
mit allem was in dir so war.
Verzeih, vielleicht hab ich mir angemeßen
der Weltgeschichte steten Lauf
für eine Halbe Stunde aufzuhalten
doch jetzt bist du frei ,
nun lauf!
Doch halte noch einmal gute Freundin,
laß mir noch einen Tag vom Vergangenen Jahr.
Laß mir ihn und ich will es nicht verraten
das du mal bestechlich warst.
Weißt du ich möcht ihn nochmals Leben,
es besser machen,
denn ich hab versagt.
Ach es geht nicht,
nundenn Adieeu
mein liebes gutes Altes Jahr.

https://www.wtpfilm.com/altes-jahr/

Porträt, 1977

In deinen Augen

In deinen Augen sah ich Kummer.
In deinem Gesichte sah ich Todesangst.
In deinen Worten hört ich Qualen.
In deiner Stimme hört ich, dass du bangst.
Und dennoch hat dein Mund gelächelt,
so, als wolltest du, dass niemand es sieht.
Als sollte jeder denken, dass du standhaft,
und keiner denken, dass du fliehst.

Dann hast du jenen Strick genommen
und ihn um den Hals gelegt.
Und bist in eine bessere Welt gesprungen,
so als riefest du uns zu:
»Ihr habt mich nicht besiegt.«

Stumm und verstohlen
legten sie dich dann ins Grab.
Sie fanden keine guten Worte,
weil du dir selbst den Frieden gabst,
den sie dir niemals gaben,
weil sie ihn selbst nicht haben.
Du bist schon fast vergessen.
nur manchmal - nachts -
tauchst du in ihren Träumen auf.
Sie denken, um sie anzuklagen,
und denken, du hieltest nun Gericht.

Ich seh dich auch
in meinen dunklen Träumen,
doch ich seh nur Trauer
auf deinem Gesicht.
(1976)

Als ich meine Rede
vor den Freunden beginnen
wollte,
mußte ich erst die
Spiegel aufbauen
um in Gesichter blicken
zu können
während des Sprechens.
Wenn man Freunde an der
Wand abzählen kann
müßte ich einen Armstumpf
haben.

Mit mir bin ich einig
noch.

(Rückseite Textbuch *Die kleine Heimat,* 1979)

Nicht alle Diebe richten Schaden an, Probebühne, Ludwigshafen 1975

Romanfragment

Warum ich noch immer daran denken muss, weiß ich selbst nicht genau. Immer und immer wieder stelle ich mir die Frage nach der Schuld. Schuld; ein Wort, das schwer zu umschreiben, umfassen ist. Wessen Schuld? Wem schuldig? Ich habe schon lange aufgehört, die universale Schuld in all ihren Varianten zu definieren. Schuld als Zustand, als ständiger Zustand, beschäftigt mich. Anderen Menschen gegenüber in einer Schuld zu stehen, kann man ertragen; aber nicht gegenüber dem eigenen Ich.

Wir sind schuldig mit unserer Geburt und bleiben es, solange wir leben.

Alles bedeutet Entscheidung, alles. Gehe ich nach links, entscheide ich mich gegen rechts. Sage ich »Nein«, so verwehre ich dem »Ja« seine Existenzberechtigung. Selbst die Neutralität ist eine, wenn auch indirekte, Art der Entscheidung. Ich traf Menschen, bei denen ihr »Vielleicht«, ihr »Ich-entscheide-mich-nicht« eine schwerwiegende Entscheidung war - gegen einen Dritten.

Das Leben ist wie ein Zug, der irgendwann irgendwo abfährt, um irgendwann irgendwo anzukommen an einem großen Bahnhof. Zu Beginn unserer Reise - unseres Lebens - stellen wir vorläufige Fahrpläne auf; Schulbesuch, Lehre, Beruf, Alter. Jedoch wir kommen meist aus den Zeiten heraus, landen an ganz anderen, unbekannten Bahnhöfen.

Viele Züge entgleisen und die Insassen - unsere Seele, unsere Gedanken - werden tot geborgen.

Die Weichen stellen meist andere und oft der Bahnwärter Zufall. Wir kommen an Gegenden vorbei auf unserer rastlosen Fahrt, von denen wir am Vortage keine Ahnung hatten. Erreichen wir den letzten Bahnhof, bleibt oft die Frage, ob sich die Fahrt gelohnt hat.

Bevor wir die Antwort mit letztendlicher Bestimmtheit treffen können, ist der Zug aufgelöst und vergessen. Mit uns fährt die Angst und die Ungewissheit, mit uns fährt die sich ständig mehrende Schuld.

Warum müssen wir schuldig bleiben und immer von Neuem werden, wenn wir leben?

Es ist wieder so eine schwüle Sommernacht, in der der Schlaf, der befreiend-erlösende, nicht kommen will. Zu schwül zum Schlafen, zu schwül zum Wachen.

Die Gedanken, halb eingenebelt, gehorchen dem müden Hirn nicht mehr und vollführen einen nächtlichen Tanz. Tanz der Schuld! Bilder tauchen auf, verworren und längst vergangen. Tanze, du mein Gehirn. Tanze den Tanz der Schuldhaftigkeit.

Damals war es mir egal, einfach egal. Ich trank mein Glas leer und meine Gedanken kreisten zwischen meinem restlichen Geld und einer neuen Bestellung. Wenn ich noch ein Bier trinke, dachte ich, wird es nicht dabei bleiben. Irgendwann weiß ich nicht mehr, warum ich noch hier sitze, kotze auf die Straße und geh nach Hause. Nein, ich trinke keins mehr, entschließe ich mich.

Die Unterhaltung war fade und langweilig. Wie hätte sie auch anders sein können. Hans redete immer über Filme, sein Hobby, und Angela nickte beflissen dazu. Werner lächelte philosophisch dazu und dachte an die 15-Jährige, die ihm ihren Busen zeigte und glaubte, er hätte Fachkenntnisse. Jutta kannte ich noch nicht und so hatte ich wenigstens die Möglichkeit, meine Weltphilosophie zum 1439. Male zu interpretieren.

Ihre Augen hatten es mir angetan.

Und zudem war ich es meinem Ruf schuldig, etwas zu sagen, etwas, was die moralische Festung meiner Zuhörer aufrütteln sollte. Hans hörte mir aus Gewohnheit zu. Werner verschlang als Stammhörer meine Tiraden, um seine obligatorische Gegenrede zu halten, um so den Eindruck zu erwecken, er hätte auch eine Meinung. Er merkte nicht, dass er im Grunde genommen immer nur »Ja« sagte, weil ich verneinte.

Jutta schien gar nicht so unbeeindruckt zu sein.

Nun, wer ist nicht beeindruckt, wenn einer am ersten Abend einer Bekanntschaft lauthals über die Freiheit des Geschlechtsaktes und die verdammungswürdige ältere Generation herzieht.

Sie lernte uns, das heißt Werner, Hans und mich durch Angela kennen, sie waren zusammen auf der gleichen Schule. Nach einem, wie könnte es anders sein, sinnlosen Herumziehen von einer in die andere Kneipe sind wir in diesem Imbiss gelandet. Hamburger mit »hochgeistiger Konversation«! Spezialität von mir damals.

Sie waren mir im Grunde alle egal. Ich wollte lediglich die Nacht herumbringen. Diese trüben Tassen würden eh um 11 nach Hause rennen, um keinen Streit mit Papi zu bekommen.

Außer Hans, der allerdings auch um 11 ging, weil er nichts anzufangen wusste mit der Nacht.

Damals lebte ich nur nachts. Tagsüber schlief ich.

(Arbeitsheft Nr. I,
13. 6. 1975, 1 Uhr 30 morgens - 2 Uhr 20)

Gedicht

Bin schon so viele Jahre
meinen Weg gezogen.
Wurde verjagt, verlacht,
verhöhnt und betrogen.
In meiner Haut sind
rote dicke Narben,
denn ich empfing nur Schläge,
wo andere Liebe bekamen.

War überall zu Hause
und nirgendwo daheim.
Manchmal hätte ich es vergessen, fast:
Doch ich erkannt:
Ich bin ja nur Gast!

Hab oft geglaubt,
ich sei am Ziel.
Musste erkennen,
ich werd es wohl nie.
In meinem Hirn ist
dunkle große Einsamkeit.
Andere hatten eine Heimat,
für mich hatte niemand Zeit.

War überall zu Hause
und nirgendwo daheim.
Manchmal hätte ich es vergessen, fast:
Doch ich erkannt:
Ich bin nur Gast!

Dann traf ich Dich
und war so froh.
Du warst so zärtlich,
niemals roh.
In meinen Gedanken fand
ich einen ruhigen Ort.
Ich wollte immer bleiben,
Du schicktest mich fort.

War überall zu Hause
und nirgendwo daheim.
Manchmal hätte ich es vergessen, fast:
Doch ich erkannt:
Ich bin nur Gast!

Wieder allein war alles
so kahl und leer.
Ich fand keinen Sinn
in diesem Leben mehr.
In mir machte sich
der Tod zum Freund.
Ich wollte sterben,
hätte es nicht bereut.

War überall zu Hause
und nirgendwo daheim.
Manchmal hätte ich es vergessen, fast:
Doch ich erkannt:
Ich bin nur Gast!

Hab Abschied dann genommen
von dieser tristen Welt.
Wollt liegen unter des Todes
dunklem kalten Zelt.
Doch ich wurd gerettet.
Selbst der Tod hat keinen Sinn,
auch er wollt nicht begreifen,
dass ich eine Heimat will.

War überall zu Hause
und nirgendwo daheim.
Manchmal hätte ich es vergessen, fast:
Doch ich erkannt:
Ich bin nur Gast!

(Arbeitsheft Nr. I,
13. Juni 1975, 2 Uhr 20 - 2 Uhr 35)

238 - 247 13. Juni 75

Die Zeiger der Uhr,
rastlos und genau,
gnadenlos zeigend die Stunden.
Lassen mich nervös und traurig werden
denn ich hab mich noch immer nicht gefunden.
Seit vielen, vielen Jahren
bin ich auf der Suche nach meinem Ich
doch ich fand nur ein Zerrbild im Spiegel
das, so glaub ich, mir nicht glich.
Bin ich ein Lügner?
Ein Narr?
Ein Phantast?
Ich fand ~~bisher~~ noch kein Wort,
daß zu mir gepaßt.
Ein Träumer, vielleicht
denn ich suche die Liebe.
und bekam solang ich leb
doch immer nur Hiebe.
Und sterb ich bevor ich mich gefunden habe
so lege Du beim Begräbnis eine Blume
wirf sie ins Grab und lache nicht im Geheimen.
besauf Dich und tanze
~~sei kein Spielverderber.~~
ich glaub, du weißt was ich meine.

15.3.75
19.45

Du gehst auf lichten Wegen
die ohne Steine sind.
Du kennst nicht Hungerqualen
du bist ein Sonntagskind.
Es drückt Dich keine Hitze
und es friert Dich nicht in der Nacht
Du kennst nicht die Angst am Abend,
Dein Schlaf wird gut bewacht.
Doch denke auch an jene
die ohne Schutz da leben,
du solltest ihnen mehr
als nur eine Spende geben.
Schau nicht mit Hochmut
auf die Armen,
die ohne jede Hoffnung sind
vergiß niemals es ist nicht jeder
so wie Du ein Sonntagskind

Roland Reber
WORMS (JAA)

2.

Irgendwohin, wo Sonne ist,
zieht mich ein Gedanke.
Bleibe standhaft,
sage ich mir,
wenn ich spür, ich schwanke.

Irgendwo muß Friede sein.
Verbrennet die Gewehre
Krieg dem Krieg,
schreie ich,
laßt den Frieden währen.

Irgendwohin, wo Friede ist,
zieht mich ein Gedanke
Bleibe standhaft,
sag ich mir,
wenn ich spür, ich wanke.

R.

30. Aug. 77

Über das Erlernen von Sprache

Zur Verständigung, so sagen die,
die sie lehren, diene
die Handhabung der Sprache.
Zum Frieden, sagen die,
die noch ohne Wunden sind.
Zum Sterben, die,
die am offenen Grabe
mit eben dieser Sprache
die Leichenrede halten.
So erkennt, dass nichts
gut ist von Grund auf,
so wie nichts schlecht zu sein scheint
vom Grunde auf.
Bedenkt,
dass der Besitzer
oft nicht über den
Gebrauch bestimmt.
Prüft eure Sprache
und erneuert sie,
falls notwendig.

(Versuche, 23.3.1978)

1542 - b : du die ich nicht kenne
und die ich auch nie sehen werde,
ich habe vertrauen zu dir.
das mag aller wahrscheinlichkeit auf der
tatsache beruhen,
daß du mich nicht anlügen kannst,
denn dazu müsste es dich ja geben.

ich werde mich allso hüten dich zu suchen,
denn hätte ich dich gefunden,
hätte ich dich ja für immer
verloren.

diesen zustand,
möchte ich fast göttlich nennen.
fast, allerdings nur !

(aus *geständnis eines schweines,* mannheim, 1976)

Mistero Buffo, ca. 197

Gäbe es das Tor hinunter, ich würde absteigen in die Hölle. Würde das eiserne Tor aufstoßen und schreien: »Hier bin ich, Pferdefuß. Nimm mich auf und lass mich tanzen. Tanzen auf glühender Lava und das ›Vaterunser‹ zu Beatmusik singen. Auf dass meine Gedärme sich nach außen wölben und mein Kot mein Nachtmahl sei.«

Zeigt mir das tausendfach verriegelte Tor, ihr Narren.

Zerschlagt den Spiegel nicht, dass ich mein Gesicht sehe und lachen kann über die Fratze.

Wenn ich euch länger erhalten bleibe, zeige ich euch: Euch!

Eure Burgen, getaucht in das Azur des wolkenlosen Sommerhimmels, gemacht für Postkarten und Touristen erster Klasse.

Eure Bücher, geschrieben kunstvoll und mit goldenem Rahmen, in denen ihr schreibt von Liebe und Glück.

Ich werde, wenn ihr mich nicht zerstört, euch ein Bild malen, das eure Augen nie vergessen werden, so grausam.

Eine alte Frau will ich malen, deren Beine weit geöffnet sind, um eure Geilheit aufzunehmen.

Ein Kind mit ausgehöhlten Augen, ausgehöhlt von der Spitze des Metzgermessers vom Metzger um die Ecke!

Doch das grausamste Bild wird sein eine weit geöffnete Kirchentür inmitten eurer Häuser - mit euch als Hintergrund.

Oh wie grausam!

Schlagt mich tot, ihr Narren. Denn was ich euch male, saht ihr noch nie: Euch ohne Maske.

Verzeiht, ja verzeiht, wenn ich euch male, doch die Bilder der Nacht, die mich verfolgen, müssen auf Papier.

Die Wahrheit, Freunde. Und bin ich beim Teufel als Spielgefährte, so soll doch mein Buch zeugen von uns.

Uns Abschaum, uns schmutziger Kreatur.

Uns Menschen. (1973)

Gestorben,
hat der Mann an Deinem Grab
gesagt, wärst Du an Deinen Sorgen.
Ich lachte laut an Deinem Grab
und habe doch geweint.
An Deinen Sorgen, was ein Mist,
an ihnen, hat er wohl gemeint.
Du hast die Welt genommen, wie sie ist,
und hast geglaubt - das war Dein Fehler -,
dass alle sind, so wie Du bist.
Du hast vertraut auf ihre schönen Reden
von Ordnung, Glück und Seligkeit.
Als Du einmal nicht weiterkonntest,
da war zur Hilfe keiner mehr bereit.
Ich seh Dich noch gehen - damals,
als sie Dich verstießen,
und Dir nichts außer Deinem Gesangbuch ließen.
Erinnere Dich, ich habe oft gesagt,
dass Kirche, Verwandte oder der Staat
Dich nicht wollen, wenn Du ihnen nichts gibst.
Doch Du, Du hast sie alle blind geliebt.
Verzeih, dass keine Rede ich gehalten
an Deinem Grab,
ich wollte nämlich nicht auch lügen,
wo es so viel Lügen gab.
Ich hätte offen sagen müssen,
dass sie alle Deine Mörder sind
und dass Du Dich nicht getötet
wegen irgendeiner Sünd,
sondern weil sie Dich betrogen hatten,
die gottverdammten Ratten.
Adieu, mein Freund, Du warst ein Träumer,
Du hast auf alle Menschen fest vertraut.

Du hast auf ihre Alltagslügen fest,
zu fest, glaube ich, gebaut.
Auf Deinen Hügel lege ich Dir
noch dieses kleine Gedicht.
Darauf steht nur ein kleiner Satz:
Ich betrog Dich nicht!

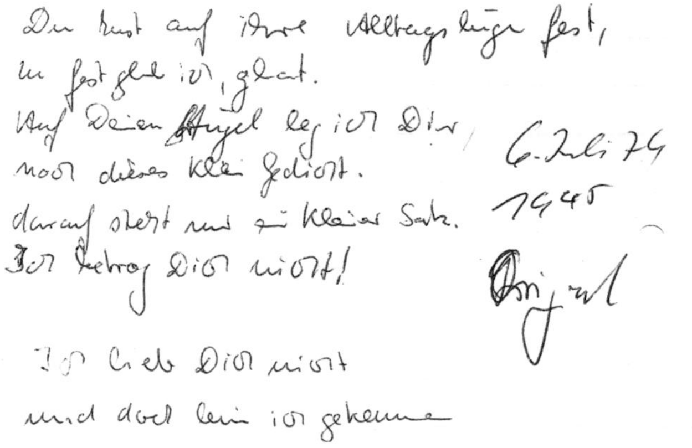
Du hast auf ihre Alltagslüge fest,
zu fest glaub ich, gebaut.
Auf Deinen Hügel leg ich Dir
noch dieses klein Gedicht.
darauf steht nur ein kleiner Satz.
Ich betrog Dich nicht!
6. Juli 74
1945
Ich lieb Dich nicht
und doch bin ich gekommen

Ich lieb Dich nicht
und doch bin ich gekommen
Ich lieb Dich nicht
hab trotzdem Deine Unschuld Dir genommen
Ich lieb Dich nicht
und bist mir nicht gleich
Ich lieb Dich nicht
doch werd ich weich
Ich lieb Dich nicht
wennschon ich Dich brauche
Ich lieb Dich nicht
und doch werd ich Ringe kaufen
Ich lieb Dich nicht
und doch bleib ich bei Dir
Ich lieb Dich nicht
Du liebst mich sagst Du mir

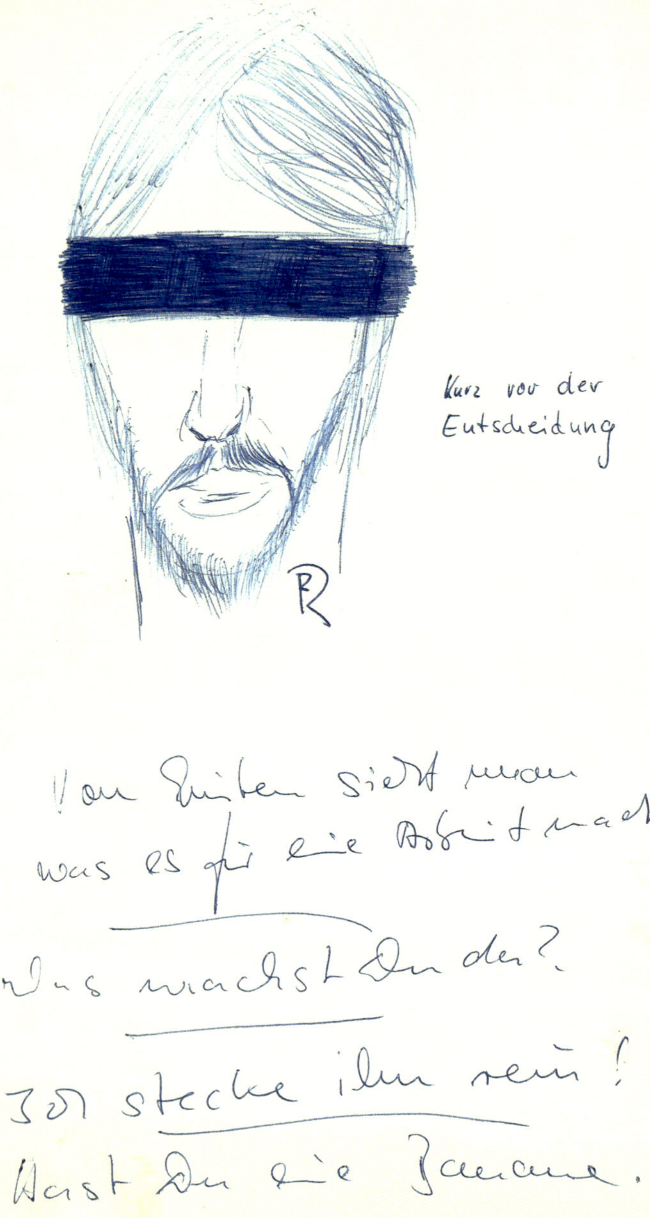

(Rückseite Textbuch *Die kleine Heimat,* 1979)

1

Da kam eine und spuckte mir eine Lüge in mein müdes Gesicht, setzte sich an den von mir gedeckten Tisch, verschlang das von mir zubereitete Essen, bestieg meine Tischnachbarin, um die ich solange geworben. Zusehend dem Kampf der Geschlechter, neidisch auf seinen Sieg, aß ich die Reste. Müde ging ich in mein Bett, denkend an den streitbaren Mitmenschen auf meiner umworbenen Frau, wissend es war ein gewöhnlicher Tag, eine normale Begegnung.

(Versuche, 23. März 1978)

Der Lahme, *Mistero Buffo*, Ludwigshafen 1977

liebeslied

als er seine lügen
in ihr glas gegossen hatte,
daß sie in vollen zügen einsog,
glitten seine nassen, gierigen Hände
über den nach befreiung schreienden Körper.
die Hände logen ihrer haut
geborgenheit vor.
dann drang er unter heuchelei
in sie ein,
mit den aufgerissenen augen
des siegers.
nach der kurzen schlacht,
dem harten kampf der geschlechter
wuschen sie die spuren von sich ab,
als beflecke sie ihre eigene lust.
an den gekachelten wänden
des badezimmers
und ihrer seelen
prallten so viele worte ab,
die nicht gesagt wurden.
schweigend gingen sie auseinander,
wie fremde.
morgen wird er wieder lügen
in ihr glas giessen
und sie wird ihre lust wieder
die die laken keuchen.
denn sie ist noch begehrenswert.
noch.
noch.
noch.

(1978)

Kein schöner Land, Schauspielhaus Bochum 1978

komm, mein sohn, ins bettchen
mach endlich deine glotzer zu.
gönn deiner mutter auch mal ruh.
hab keine angst vor dem buzzemann
schlafe tief undschlafe lang.
bring mich nicht in rage
schlafe, schlafe!

ich wollte

ich wollte mal vor langen jahren
irgdenwo mich niederlassen.
wollte eine partei dort gründen
und mit sch

Glück - ein unmenschlicher Zustand

Bei der Frage nach Glück stieß ich auf einen Aspekt, der zu erörtern Anlass bietet - nämlich der Aspekt der Einteilung des Glücks in der Rangtabelle des Lebens.

Fragen wie: »Ist Glück erstrebenswert?« oder »Ist Glück menschlich?« erscheinen bei flüchtiger Betrachtung nur eine klare Antwort zuzulassen: Ja. Jedoch hält dieses ›Ja‹ keiner exakten Überdenkung stand.

Gehen wir nämlich von der allgemeinen Glücksdefinition aus, so bedeutet es den Zustand der Problemlosigkeit, besser, den Problemlösungszustand. Das bedeutet, Glück ist jener Zustand, welcher erreicht wird im Zustand der Problemlosigkeit.

Welche Aussage können wir dieser Erkenntnis entnehmen? Ein Mensch, der keine Probleme hat, ist glücklich.

Nun stelle ich eine neue Frage: »Was ist menschlich?« oder »Was zeichnet den Typus Mensch aus?«

Gerade das Problem.

Lassen Sie mich definieren.

Descartes sagte: Erkenne Dich und Du bist!

Je bewusster ein Mensch lebt, je mehr Assoziationen er hat, je mehr MENSCH er wird, umso mehr kann er sich seiner Rolle im Gefüge der Gesellschaft klar werden. Das heißt: Mensch sein ist gleich Bewusst-Sein!

Diese Erkenntnis schließt eine weitere ein:

Wer ein bewusster Mensch ist, hat Erkenntnis, Erfahrungen, Assoziationspunkte usw. gesammelt. Diese Erkenntnisse erreicht er nur durch Konflikts- und Problembewältigungen. Erkenntnis ohne Problemüberbrückung und -bewältigung ist nicht möglich.

»Den bewussten Zustand« gibt es nicht.

Evolution ist das entscheidende Kriterium des Menschseins überhaupt. Fußend auf dieser Tatsache erreichen wir einen neuen Aspekt.
Umweltbewältigung und neue Problemlösungen machen die Evolution möglich.
Bewusstes Leben beinhaltet den Evolutionsdrang (Wissensdurst), d. h.

Glück also Problemlosigkeit = Stagnation
Problemauseinandersetzung = Erkenntnis =
Bewusster werden (Evolution)

Also ist Glück unmenschlich.

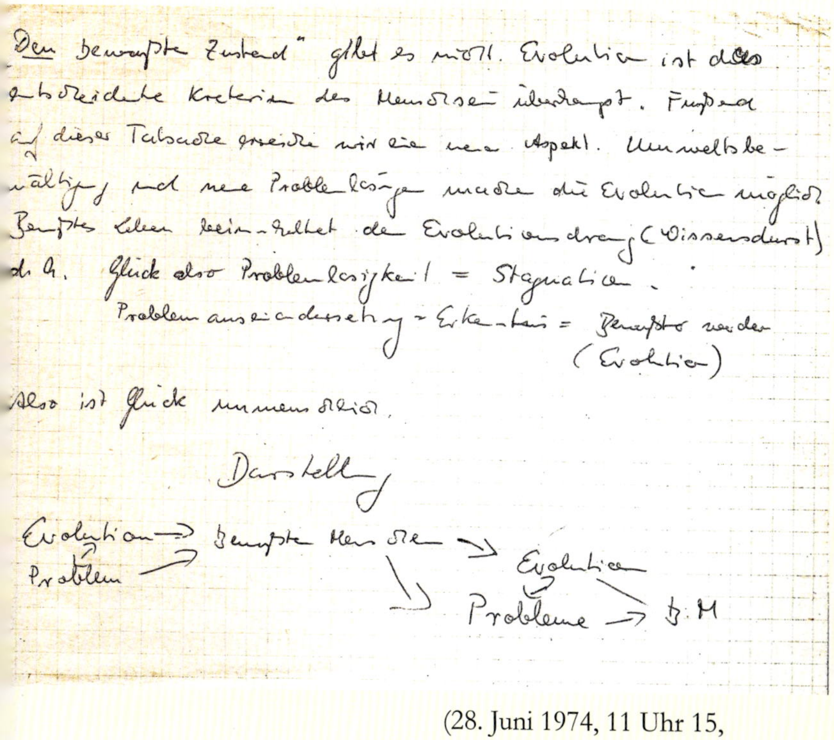

Den bewussten Zustand" gibt es nicht. Evolution ist das entscheidende Kriterium des Menschsein überhaupt. Fußend auf dieser Tatsache erreichen wir einen neuen Aspekt. Umweltsbewältigung und neue Problemlösungen machen die Evolution möglich. Bewusstes Leben beinhaltet den Evolutionsdrang (Wissensdurst) d. h. Glück also Problemlosigkeit = Stagnation.
Problemauseinandersetzung = Erkenntnis = Bewusster werden (Evolution)

Also ist Glück unmenschlich.

Darstellung

Evolution → Bewusste Menschen → Evolution
Problem → Probleme → B. M.

(28. Juni 1974, 11 Uhr 15,
am Neckar vor dem Krankenhaus)

Proben zu *allsam*, Hamburg 1980

+

das unerklärliche
erkennend

Die unerklärliche
Erklärung
ahnend
sich ihr nähernd
versagte
die Sprache
zerbrechend
an den Worten
erkenne
ich die Größe
und Lache
Lache
Lache!

(1979)

Mann : Ihr seid blind, taub und stumm euer Leben ist bestimmt von der Stimme. Euere ᶻukunft ist überlagert von der Vergangenheit. Eure Ferngläser schauen nicht nach vorn. Ihr seht nicht die neuen Ufer die vor uns liegen vor uns der M Menschheit , ihr sehr nur die ᴺormen die ᴳebiete die längst überlagert sin. Der ᴳarten Eden ist den Slums gewichen, das gelobte ᴸand dem Minenfeld nahe der Grenze. Auch ich habe einmal auf die Stimme gehört, doch eines Tages lief ich über eine Wiese deren Gras so herrlich duftete wie es die Stimme immer sagt. Und ich sah Bauern die singend die Ernte einbrachten so wie es die Stimme immer sagte. Und ich glaubte an die Stimme. Doch auf einmal sah ich einen Wächter stehen auf dem berg in der ᴴand ein Gewehr und ich kniete nieder und betete so wie es die Stimme verlangt. Doch der ann entfernte sich nicht. Und ich habe gerufen nach einer Antwort. Doch die Stimme antwortete nicht weil es nur ein Tonband ist das eingeschaltet wird van jenen die gerade an der Macht sind. Und die Stimme jene Hure spielt für jeden der mächtig genug ist den Knopf zu betätigen.

(aus Theaterfragment VIII, 1973)

Über die Schönheit des Kaputten.

Jede Darstellungsform in der Kommunikation sucht Bilder die die Grundsätzlichkeit einer Meinung am sinnfälligsten dokumentiert. Gleichzeitig ist ein anerzogenes Bedürfnis nach Ästhetik fast immer vorhanden.
Form und Inhalt sind oft wider-sprüchlicher Kraft. Erst das Lösen vom „=So muß es sein=" führt zum „So ist es."

(1979)

Hätte ...

https://www.wtpfilm.com/haette/

Ich hätte einfach sagen sollen: »Nein, ich nehme ihn nicht, den Kranz. Und ich gehe nicht dorthin und ich rede nicht dort.«

Aber ich habe nichts gesagt.

Ich habe den Kranz genommen und bin gegangen. Ich weiß nicht, wieso. Vielleicht, weil ich nicht aufbegehren wollte an einer Stelle, wo es eh nichts genützt hätte, denn sie konnten nichts dafür, sie waren auch nur die Opfer, nicht die, die es taten.

Aber ist man nicht schuldig allein schon, indem man duldet?

Ich hätte einfach sagen sollen: »Wisst ihr, ich hatte ihn zu gern, ich kannte ihn zu gut. Ich kann nicht sprechen. Ich kann nicht lügen, wo es eh mehr Lügen denn Wahrheit gibt.«

Aber ich bin gegangen.

Vielleicht auch, weil ich mir schuldig vorgekommen wäre, nicht dort zu sein, wenn sie ihn hinunterlassen und Erde auf ihn werfen. Einfach, weil irgendwo in mir noch die Vorstellung wurzelt, es gehört zur letzten Ehre, die man einem Freund erweisen müsste.

Warum ich allerdings diesen Anzug angezogen habe, das kann ich mir selbst nicht verzeihen.

Jetzt stehe ich da, schau in ihre Gesichter. Alle sind sie traurig, einige weinen. Und doch spüre ich, keine Träne ist echt. Kein Gesicht spiegelt die Empfindung des Trägers wider. Und ich stehe da in meinem Anzug, den Kranz in der Hand, und warte auf meinen Einsatz wie ein Statist im Theater.

Nicht alle Diebe richten Schaden an, Probebühne, Ludwigshafen 1975

Nur, dass ich ein paar Worte sprechen darf.

Und ich werde sie sprechen.

Ich werde sagen: »Nun ist unser Freund gestorben. Und alle seine Arbeitskollegen und alle, die ihn kannten, hat ein tiefer Verlust getroffen, der nicht so schnell wiedergutzumachen ist. Er ist tot, doch in unserem Herzen wird er weiterleben. Ruhe sanft. Wir vergessen dich nicht.« Das werde ich sagen.

Ich habe es gelernt. Wir haben es gelernt, in den Pausen, und der Betriebsleiter hat es aufgeschrieben. Und so werde ich es sagen.

Eigentlich wollte ich ihm ja etwas ganz anderes sagen. Ich wollte ihm sagen, dass er die 10 Mark, die er mir gepumpt hat, dass er die zurückbekäme. Oder dass ich sie seiner Frau gebe, nun.

Und dass, dass ich damals wirklich nicht mit seiner Frau ausgewesen war, und dass ich niemals zu ihr gesagt hätte, er wäre es nicht wert, dass sie seine Frau ist. Und ich würde ihm gerne sagen, dass er ein Trottel war, dass er glaubte, wenn er einen Buckel machte und wenn er sich noch tiefer bückte, dass er einen Schritt weiterkäme. Doch er kam nur tiefer mit seinem Kopfe, nicht höher mit den Beinen.

Ich würde ihm gerne sagen, dass all die, die nun dastehen mit ihren traurigen Gesichtern, schuld daran sind, dass es so weit gekommen ist. Aber das darf man nicht.

Und wem würde es nützen?

Mir würde es schaden, ihm würde es nicht nützen. Er kann es nicht mehr verstehen.

Und selbst wenn es dieses ›Jenseits‹ gibt, dann kann er meine Gedanken eh lesen und weiß, dass ich nur heuchle, weil man heucheln muss, um ...

Er hat einen Fehler gemacht.

Er hat einen großen Fehler gemacht, als er glaubte, alle wären so wie er. Aber diesen Fehler machen, glaube ich, viele. Auch ich.

Er war nicht schlechter, nein, und war nicht besser als wir. Nur anders.

Er hat es sich immer zu Herzen genommen, wenn ihn jemand anschnauzte. Und wenn seine Frau mit anderen ausging, dann hat er es auch sehr ernst genommen.

Aber das tun wir alle irgendwo. Aber nicht so wie er.

Ich würde mich nicht töten. Ich könnte vielleicht töten, wenn man mich ... aber nie mich selbst.

So ein schlechter Pfarrer. Auch er hat bestimmt gelernt. Er hat mehr Routine als ich, aber auch er hat gelernt.

Nun trete ich vor und nun werde ich meine Rede halten. Verzeih, mein Freund, dass auch ich lüge.

(Audiokassette, 1975)

Der Tod des Fixers

Die Augen aufgerissen,
mit dem Blick in die Unendlichkeit.
Ich wollte noch soviel ihn fragen,
doch dazu hat ich keine Zeit.
Er wollte freier sein,
als alle die er täglich sah.
Er wollte Mensch sein,
und er wars,
bis zu jenem Tag.
Dem Tag als Freunde ihn verführten
die Nadel einzustechen
in den Arm.
Er wollte frei sein,
und er wars
bis zu jenem Tag.
Als er starb,
wo waren da die Freunde,
die oftmals was von ihm geliehn.
Ich habe sie nicht kommen sehen,
jetzt wo tot,
er da am Boden liegt.
Den Blick, ich werd ihn nie vergessen
solang ichselbst noch leb.
Sein Körper hat vor Angst gebebt.
Der Fixer ist tot
Ich kanns nicht glauben und schreie laut,
nein, nein er lebt.

Setzt ihm ein Denkmal auf den Platz.
Daß jeder es wohl sehen mag.
Und jedersoll die Schuld auch tragen,
die Schuld, daß der Fixer gestern starb.

(1974)

Roland Reber
67 Ludwigshafen/Rhein

5

Der Gastarbeiter ~~wußte~~
wußte nicht was das Wort „Ausländer"
bedeutet.
Er fragte viele Passanten
nach jenem ~~Wort~~ Begriff.
Keiner gab ihm Antwort.
Da wußte er was
„Ausländer" bedeutet.

(Versuche, 23.3.1978)

Kein schöner Land Schauspielhaus Bochum

(Versuche, 23.3.1978)

7/

Gehorsam folgend erkennt
der Folgende die Folgen
seines Handelns oft, zu
oft nicht.

Dienend spricht der Kuli von
Selbstbestimmung, die zu er-
reichen er sich nicht be-
müht, in dem glauben sie
zu besitzen.

Warum habt Ihr nicht ge-
schrien als man Euch
sagte Ihr solltet den Mund
halten? R

(Kuli = afrikanischer Lastenträger)

wir zerschlagen säle
und nehmen messehallen aus.
wir tragen lange haare
und besetzen schon mal ein haus.
bemalen bunt die wände
mit freedom and peace.

w i r   s i n d   k r e a t i v .

unsere kinder sägen
der oma den schaukelstuhl klein.
wir lassen sie eben
progressive kinder sein.
wir zertrümmern dem hacky seine boutique.
wir sind nicht fieß.

w i r   s i n d   k r e a t i v .

der hannsi der malt
und der robbi schreibt verse.
beide träumen davon
mal ganz berühmt zu werden.
nur ein weißes papier,
von der roten farbe sehr viel.

w i r   s i n d   k r e a t i v .

die ulla liest mao
und petra liebt tschu en lai.
einer für alle
und alles für die partei.
wir tragen transparente
sind für das kollektiv.

w i r   s i n d   k r e a t i v .

von marx den bart
und von barzel das geld.
das sind und
das bleiben die ziele unsrer welt.
wir denken nicht normal,
wir denken irre, schief.

w i r   s i n d   k r e a t i v .

(1974)

Tschu en Lai = langjähriger Mitstreiter von Mao
Barzel = CDU-Politiker

Nicht auf der strasse fängt sie an,
die revolution.
mit transparenten laufen
sie,die masse,
um durchzusetzten ihren staat.
erkennen nicht das sie beschreiten
den falschen pfad.
nicht im parlament
wird die gesellschaft
grundlegend ~~verändert~~ verwandelt
nicht im parlament
wird um die neue ordnung
permanent gehandelt.
sondern bei euch.
in euren eignen wänden
wird sich unser schicksal wenden.
nicht auf der strasse fängt sie an,
die revolution!

wenn eltern ihre kindern schinden
wenn bosse sich ständig neue firmen gründen.
wenn lehrer durch soziale reife
sich an den gehirnen ihrer schüler
jeden tag vergreifen.
wenn omas ungeschränkte macht ausüben.
wenn kinder im sandkasten vietnamkrieg üben.
wenn läden high-life wäsche preisen.
wenn pfaffen über die pille geifern.
wenn messdiener die messe halten.
wenn statt die jungen, regieren die alten.
wenn nazionale volksverbände
zum jahrestag sich hakenkreuze schenken.
wenn juden nach vergeltung schreien in der nacht.
wenn ein hilfsarbeiter sein sechstes kind gemacht.
wenn mütter ihre kinder schlagen
weil die stadtwiese sie betreten haben.
wenn alte greise friedhaofwärter reden von der alten zeit.

dann wird sich nichts ändern in alle ewigkeit.

in der familie fängt sie an,
die revolution!

7. Mai 74 15Uhr 2o Uhr

rloand reber

Wang, das Bartgesicht, *Ah Q*, Schauspielhaus Bochum 1978

https://www.wtpfilm.com/es-fliegt-ein-flugzeug/

Es fliegt ein Flugzeug nach Vietnam,

mit vielen Bomben drin.
Die trifft so manche arme Frau
und manches arme Kind.
Ihr, die ihr in euren Stuben hockt
und in den Fernseher schaut
und kauend und saufend
das Unglück überschaut.
Ihr, die ihr sagt: »Ach, die Armen,
das passierte uns nicht«,
für euch hab ich geschrieben
dieses kleine Gedicht.

Ihr werdet einmal liegen
auf eurem Sofa satt und träg.
Auf einmal hört ihr Rauschen
und Flugzeuge -
doch dann ist es zu spät.
Und sie werfen Bomben
auf euer schönes Haus.
Und seht, dann ist für euch
auch die Geschichte aus.

Wer andere nur als andere sieht
und sagt: »Das passiert uns nicht«,
über den wird auch niemand reden,
wenn er gestorben ist.

Wang, das Bartgesicht, *Ah Q*, Schauspielhaus Bochum 1978

Und solang die Völker der Erde
nicht kämpfen gegen jene, die unterdrücken,
solang wird es immer weitergehen,
solang geht die Welt noch in Stücke.

Und eines Tages, wenn alles leer,
zerbombt und ausgebrannt,
dann werdet ihr sehen - irgendwo -
aus der Erde die mahnende Hand.
Vergesst nicht, Vietnam ist nicht ferne,
es ist so nah wie Berlin.
Und vergesst nicht, dass die andern auch lernen -
und von Hanoi, da reicht das Benzin,
um bis hierher zu fliegen -
und so rächen sich an euch,
die träge ihr dasitzt
und essend euch ein ganz klein wenig verabscheut,
und sagt: »Das kann doch nicht wahr sein!
Dieses schöne Haus ganz zerbombt!«

Und morgen früh, wenn es hell ist,
dann schaut das eure mal an.
Und denkt, jeden Tag kann es aufgehn
in Flamme und Brand.

(Audiokassette, 1975)

15.4.16 12.30

Moderne Märchen

Rapunzel sitzt in Einzelhaft,
Zwergnase ist gebrochen.
Der guten Fee, fehlt jede Kraft
und sie haben nichts verbrochen.

Im Schlaraffia haben sie ein
KZ gebaut.
Im Wunderland gibt's Stachel-
draht.
Dem Prinzen haben sie alle
vertraut.
Jetzt gibt's hinter den sieben Bergen
ein Massengrab.

Rotkäppchen ist mit Blut getränkt.
Goldmarie geht auf den Strich.
Großmutter hat sich aufgehängt
Der Freiheitsbrief ist nur ein
Wisch.

Der böse Wolf ist in Vietnam

in Saigon und Hanoi

Die ~~Bewegt ist ganz~~ Rasen sich erhitzt

Der Riese wurde impotent

Der Herr macht nichts mehr.

ren

~~Der Herr macht nichts mehr~~

me Musik: „Kinderliedart"

Warum, den Löffelstiel 15.4.76.

wer nichts hat 12^{35}

verliert nicht viel!

(Entwürfe, 15.4.1976, 12 Uhr 30 - 12 Uhr 35)

https://www.wtpfilm.com/moderne-maerchen/

Bewerbungsfoto, Bochum 197

mit sechzehn schon in
einzelhaft,
die nicht nur den körper
sondern
auch die seele schafft.
der staat macht manchmal
sich recht lächerlich.
aber,
und das zählt:
er wahrt sein gesicht.
um zehn uhr licht aus
in den zellen.
suppe aus alten, verbrauchten
kellen.

staatliche repression !
wem nützt sie schon ?

mit achtzehn dann
entlassen.
mit sich und seinen
problemen
allein gelassen.
der staat bietet keine hilfe
für ihn.
was ist hinter gittern
da für uns gediehn ?
keine arbeit in
der stadt
die so viele
fabriken hat.

resozialisation !
wem nützt sie schon !

(1974)

5

wiederholungen

das gesicht das durch meine dunklen nächte geistert,
ist die angst.
der rest im beutel meiner erfolge,
ist die schuld.
die unerklärliche, unausprechliche erklärung,
ist die liebe.
das rauschgift meines lebens,
ist der hass.
das leise flehen einer geige im kanonendonner,
ist die einsamkeit.
das verbinden der wunden zwischen zwei schlachten
ist der friede.
mein schrei nach verständnis,
ist die ständige wiederholung
einer sinnlosen revolution.

Roland Reber
24. 10. 75
roland reber

requiem für einen kleinen vogel

geknechtet liegt das ausgeblute land.
ein teurer preis -
ein teures unterpfand.
für all euch mächtige, ein unbedeutend spiel;
für uns, die kleinen, ungeheuer viel.
ein kleiner bunter vogel streckt die flügel nicht mehr
zum hohen stolzen wolkenflug zerstört in ihm ist aller friede;
zerstört von eurer ungebändgen wut.
gebt ihm ein ehrenvoll geleit und hofft auf eine bessre zeit.
getötet liegt das kleine tier,
zwischen steinen, ausgestreckt vor dir.
setzt doch die neuen zeichen endlich,
auf denen friede aufgedruckt.
wo tausend halbverweste leichen
den weg zu euren schulen säumen.
wo kugeln pfeifen,
flammen brodeln.
macht dort ein requiem für ein kleinen vogel.

ein kleines kind zeigt mit verbundner hand
auf das ausgebrannte land.
in der einen hand hält es das sternenbanner,
in der anderen den roten stern.
ihre mutter wurd getötet
und nur sie hatte es gern.
wo kugeln pfeifen,
flammen brodeln.
macht dort ein requiem für einen kleinen, toten vogel.

roland reber

https://www.wtpfilm.com/requiem-fuer-einen-kleinen-vogel/

Bewerbungsfoto, Bochum 1979

Traum

Wellen formen sich zu längst vergessnen Menschen
und mein Hirn schaltet schnell und
bringt mir Schlaf.
Wo kann ich finden Theben oder Babylon
außer im Traum der ermüdet nicht erlahmt.
Auf sündigen Wegen ziehen hin sie,
die eingeräumten Emotion,
die den ganzen Tag gewarnt und ausgerichtet,
gestückelt eingeteilt als simple rationell Portionen.
Wellen, formen sich zu weiblich Schenkeln um,
und noch im Schlaf spür ich die nasse Haut
ich schwitze wälze mich herum
wach auf draußen ist es laut.
Ihr Bild mein Seel ich hab es umgestoßen
und hebe rasch es auf den alten Platz wo's
hingehört,
und ärgre mich ganz im Stillen das man
den schönen Traum zerstört.
Babylon - wo bist Du?
Deine willigen Frauen, deine ausgelassenen
Feste, Deine unbekannt Menschen!

7[25] geht die Straßenbahn am Tor 4

Gute Nacht.

[illegible]

7. Juni 1973

4. ICH GEH!

Wieder hör ich nachts Stimmen
die mich rufen, wenn ich
schlaf,
die mir neue Ziele stecken
die ich dann klar erkennen darf.
Kaum ist jedoch der Traum ver-
flogen,
hab ich den genauen Weg vergessen
und denke dann oft wie besessen
stundenlang darüber nach.
Ich spür das bald gereift die Zeit
ist
und wieder ich mal mein Bündel
pack
„ade" sag allen meinen Bekannten
und zieh durch kleine Gassen ab.
Ein andres Ziel,
verschwommen zwar und fern.

10 Ich folge meinen inneren Stimmen
denn für mich leuchtet wohl kein
Stern,
der mich zu Schätzen führt und
unerreichten Wünschen,
Vielleicht geh ich nach Stuttgart,
vielleicht geh ich nach München.
Egal wohin,
nur hierbleiben,
hier verweilen tut weh
Wieder hör ich die Stimmen, sie rufen
„Nun geh"
Ich seh wie Du wieder bei jenen
stehst
Und ich rufe ganz laut: „Ja
Ihr hast recht. Ich geh!"

(Ludwigshafen, 16.5.1975)

Die kleine Heimat, Süddeutscher Rundfunk, Stuttgart 1979

wo sind die männer ?

ich konnte das schild der stadt,
zwischen den zeitungsseiten ,
in denen ich gerade las,
flüchtig erkennen.
der bahnhof erinnert mich
an all die anderen bahnhöfe meines lebens.
die ankommenden und abreisenden
hinterlassen nur eine kleine rauchwolke,
wie die alten lokomotiven,
die sich zur verschrottung bereithalten.
wo sind die männer, die mich abholen sollen ?

die alten männer,
die die koffer tragen ,
haben sicher auch schon bessere tage gesehen.
die penner in den wartehallen,
warten betrunken auf einen gott.
der zerlumpte tramp,
sucht wohl immer noch nach dem land hinter dem nebel,
das er nie finden wird.
ich würde ihn gerne begleiten,
wenn meine schuhe nicht zu neu wären
und ich nicht so angepasst.
wo sind die männer, die mich abholen sollen ?

man wird mich abholen,
wie man mich gelebt hat,
seit dem beginn meiner reise.
man wird mich nicht fragen,
so wie man mich noch nie gefragt hat.

24. 10. 75 R

gebet für einen gottlosen

ich glaube nicht an dich
und suche stets nach dir.
ich weiß genau es gibt dich nicht
und doch bist du in mir.
wenn heute ich mal traurig bin,
dann hoffe ich auf dich,
ich weiß genau du hilfst mir nicht.

mein gott !

wie soll man jemals dich nicht suchen,
wir brauchen alle von dir ein stück.
wir wollen ruh und friede buchen.
ich wollt ich fänd den glauben an dich zurück.
wie in unbeschwerten kindertagen,
will ich auf die hoffnung warten.

mein gott !

wie soll ich schrei überhören
die aus der welten weitem rund,
jeden tag vom kriege zeugen
und den hass mir tuen kund.
ich werde dich kaum jemals finden
weil es dich ja gar nicht gibt.
doch die such hält micht am leben
und ich such solang ich leb.

mein gott !

(1974)

AM ENDE

[illegible] 30.5.7

Hab meinen Weg geschritten.
Mein Weg war lang und schwer.
Habe viel gelitten
nun leide ich noch mehr.
Ich suchte nach der Liebe
im Dschungel unsrer Straßen
Erkannte Eure Lügen,
erkannte Eure Phrasen.
Wollt leben wie ein Mensch, –
mußt leben wie Tier..
auf Deine Liebe hab ich gehofft
doch sie gehört nicht mir.
Wenn meine müden Beine
ich strecken wollte auf Deine Liege
Wenn ich erhoffte Deine Liebe
Wenn ich glaubte das ich am
Ziel, daß ich auf warmem Boden
oder
Sagtest Du mir: „Geh!"

Ich wollte Blumen säen,
ein Meer aus Licht und Farben
doch ich bekam nur Schläge
und tiefe rote Narben.
Eine Heimat hat ich nicht
und werde sie nun nicht
bekommen,
denn ich erkenne endlich
„Ich bin ans Ende nun gekommen"
Blick ich zurück auf all die
vielen Tage
Blick ich zurück auf Nächte
voller Qualen.
So lächle ich und denke
mir im stillen –
Vielleicht ging alles nach dem Willen,
irgend eines höheren Wesen's –
Ich weiß kein Trost am Ende
eines Lebens.
Der Narr stirbt, wer hätte es gedacht
in einer traumreichen Nacht.

Da ich am 10. 5. 75

In der Schule befragt, was wir werden wollen,
sagten viele, Rosen. Ich dagegen, Dorn.
Seht, die Rosen beginnen zu welken.
Ich steche immer noch.
(1983)

Probe zu *allsam*, Hamburg 1980

Theater und Träume ... Theaterpathologisches Institut und die skandalösen 80er

Vielleicht ist der Versuch, ein Stück zu schreiben, die lange Version einer Bedürfnisbefriedigung. Nämlich Gefühle begrifflich zu fassen. Was unmöglich ist. Aber gerade der Versuch kennzeichnet unser Sein.

Das Streben nach dem Unmöglichen lässt das Erreichbare groß werden. In dem Weg nach der Vollendung steckt das Leben wie in einem Tunnel. Wie breit oder eng dieser dunkle Gang ist, entscheidet das Maß an Mut, das wir aufbringen, Unmögliches zu verwirklichen. Im Vorgang des Schreibens tasten wir uns immer an unseren Kern heran, den wir nie sehen werden, aber immer suchen.

Den letzten Grund der Dinge zu finden hieße, die endlose Bewegung alles Seienden zu erstarren. Das ewige Gleiten in einen jähen Fall zu verwandeln.

Indem wir finden, was vorgeblich wie eine Antwort aussieht, so haben wir doch nur eine neue Frage aufgefunden. Und das ist es, was wir suchen sollten: neue Fragen.

Denn die Antworten von gestern sind die Fragen von heute.

(Gedanken zu *Mein Traum ist nur ein krankes Kind*, 1985)

TPI, Heinz-Hilpert Theater, Lünen 1985

Theater und Träume … Theaterpathologisches Institut und die skandalösen 80er

Nackte Körper, Folter, Schweinedärme, Blut
und Provokation auf Rebers Bühnen in den 80ern.

»Sie schluchzen, sie flüstern, sie schreien, sie kichern, sie brüllen, sie schwitzen, sie sind obszön, sie sind verletzlich, sie sind ulkig, zynisch, albern, böse, sie sind rasend gut …« (WAZ über *Mistero Buffo,* 1985)

»Wenn Reber inszeniert, sollen Hüllen fallen, vom Körper wie von der Seele « (WDR, *Hotel der verlorenen Träume,* 1983)

»Schocktherapie bis an die Grenzen des Erträglichen. Kein Tabu bleibt übrig.« (Hattinger Nachrichten, *Und sie legen den Blumen Handschellen an* von F. Arrabal, 1984)

»Kulturrevolution in Lünen.« (Marabo, 1986)

»pornografisches Lusttheater« (Ruhr-Nachrichten, 1985)

»Das TPI ist mit Sicherheit eine der besten und interessantesten Freien Theatergruppen Deutschlands.« (WDR-Bericht *Träume und Zwänge*, 1984*)*

allsam. Ein Wortspiel aus allein und einsam. 1980 im Curio-Haus Hamburg uraufgeführt. Dies war kein Theaterstück, sondern ein Schrei. Ein Schrei nach Liebe und Geborgenheit, gepaart mit einer fast pathologischen Angst vor der Einsamkeit, umgesetzt in einem stundenlangen Ritual von Liebe und Destruktivität - es ist ein zärtlich-trauriger Blick auf den Menschen, den Roland inszenierte. Eine exzessive Darstellung einer erlebten Liebesbeziehung »zwischen Schock und Faszination«. (WAZ, 1986)

Der Skandal dieser Inszenierung war die Ehrlichkeit, mit der Sexualität und Gewaltfantasien auf der Bühne dargestellt wurden. Für die einen war es pathologisch, für andere großes Theater. Das Theaterpathologische Institut (kurz TPI) war geboren.

»So wie in der Pathologie Leichen geöffnet werden, um die Ursache des Leidens festzustellen, will das Theaterpathologische Institut die Krankheit der Gesellschaft und des Theaters aufdecken.« (RR)

allsam, Hamburg 1980

1982-1985 hatte das TPI eine feste Spielstätte in der Schulenburg in Hattingen, 1985-1989 am Heinz-Hilpert-Theater in Lünen. Mit dem ›Künstlerforum Schulenburg‹ erschufen Roland und seine Mitstreiter 1983 eine Spielstätte für Kunstschaffende jeglicher Couleur. Es wurde gejazzt und gerockt, es gab Kabarett, Workshops, Liederabende, Clowns - und Theater.

»Die gestalterische Vielfalt des Künstlerforums Schulenburg dokumentiert den Pluralismus unserer Gesellschaft auch im Kulturleben.« (WAZ, 1983)

Roland kehrte dem konventionellen Theater den Rücken, um ungebremst an verkrusteten Gesellschaftsnormen rütteln zu können.

Der Traum vom Freien Ensemble und einem unverfälschten, direkten Theater wurde real. Man arbeitete demokratisch, man diskutierte und improvisierte, man verteilte die elementare Theaterarbeit wie Schauspiel, Bühnenbild und Produzieren auf alle Mitwirkenden des Ensembles. »Ich will den Schauspielern das zurückgeben, was ihnen gehört - die Bühne. Ich will keine Marionetten, die nicht wissen, warum sie etwas machen oder sagen. Ich brauche kreative, lebendige Seelen um mich, die Theater als etwas Geiles empfinden - nicht diese früh gealterten Mumien eines übersättigten Staatstheaters.« (RR)

Und Träume werden zu einem großen Thema in Rolands Stücken. Freiheit durch und für den Traum: Der Traumprinz, der tabuisierte Träume wahr werden lässt, seinem eigenen Albtraum aber nicht entrinnen kann; Träume, die uns leben lassen, Träume, die uns auffressen; Träume, die zu kranken Kindern werden. Und real gelebte Träume, die auch mal platzen. Das Verwischen von Traum und Realität, von Vorstellung, Erinnerung und Tatsache. Welche Wahrheit? Deine? Meine?

Das Theater wurde zur Lebenshaltung. So leidenschaftlich wie das Leben wurde auch das Theater gelebt.

Das Theater wurde zum Labor, die Stücke zu ›Sektionsobjekten‹, der Inhalt zur ›Diagnose‹, die Autoren zu ›Erregern‹, die Mitwirkenden zu ›Pathologen‹.

Das Theater wurde zum Experiment. An sich selbst, an gesellschaftlichen Tabus und am Publikum, an den Grenzen der Schauspielerinnen und Schauspieler. Roland fordert gerne zu Beginn der Proben die ungeschminkte Darstellung der eigenen Person, denn »wer nicht weiß, wer er ist, kann auch niemand anderen spielen« (RR) - das konnte manchen auch zu viel werden.

»Schauspiel ist mehr, als nur Texte akkurat abzuliefern, es ist Arbeit an sich selbst und an der Rolle. Jeder Stoff ist anders und verlangt eine andere Vorgehensweise. Es gibt Theaterstücke, da muss ein Schauspieler seine Grenzen erreichen - die bei jedem woanders liegen -, und seien sie noch so klein, sonst funktioniert das Stück nicht. Und wenn der Schauspieler dazu nicht bereit ist, dann sollte man es lassen. Oft funktioniert das über Improvisationen. Wie weit die Schauspieler dabei gehen, ist - ist ja eine Improvisation - ihnen überlassen. Eine Improvisation ist immer näher beim Privatmenschen als an der Rolle, deshalb hat sie auch die Kraft, einiges freizusetzen, wenn man sich darauf einlässt.« (RR)

Probe zu *allsam,* Hamburg 1980

Es war ein Theater der Obsessionen, psychologisch intensiv und drastisch in der Ausdrucksform, »zwischen Pornosophie und Engagement» (Bochumer Kulturrat), schonungslos und befreiend: »Die totale Entblößung der menschlichen Psyche.« (WDR)
Und *allsam* war nur der Anfang: »Reber schlägt wieder zu.« (WAZ über *und suche stets nach Dir*, 1982)

Heute sind nackte Körper auf der Bühne selbstverständlich, ob im Freien Theater oder an der Bayerischen Staatsoper. 1980 war das noch anders. Das gefiel nicht jedem und so scheiden sich die Geister an Roland bis heute: Reber als »genialer Erneuerer« - Reber als »perverser Guru«.

Macbeth, TPI, Schulenburg 1985

Und er fühlt sich wohl als Provokateur. Und sind laute Reaktionen, wenn etwas Ungewohntes, etwas Neues auf der Bühne passiert, nicht essenziell für ein lebendiges Theater?

Dabei geht es ihm nie um Provokation per se: »Ich glaube, dass ein nackter Körper auf der Bühne immer noch ein Mittel ist, um Leute zu schockieren. Und ich will schockieren. Weil im Schock öffnet sich der

Mensch. Eine Tür, ganz tief in ihn hinein, geht auf. Im Grunde genommen ist die Nacktheit ein Signal, auch der Sadismus meinetwegen, die Brutalität, die Schweinedärme in *und suche stets nach Dir* sind Signale dafür, es kommt jetzt gleich was. Und dann lasse ich die Figuren die Dinge sagen, die ich eigentlich transportieren will. Von denen ich glaube, dass sie in einem konventionellen Sprechstück oder in einem Hörspiel einfach gar nicht so rüberkämen. Die Leute würden drüber weghören. Aber in diesem Moment des Schockiertseins sind sie so offen, dass ich meine Mitteilung - das, was ich sagen will, was ich rausschreien will - bis in die letzten Winkel der Hirne schreie.« (RR)

Sein Theater wird ein Gegenmodell zu den etablierten Bühnen des Staatstheaters, auf denen er angefangen hatte. Nicht nur in der Darstellung oder dem Mitspracherecht aller Beteiligten (kein preußischer Drill, kein alles bestimmender Regie-Diktator - wobei auch Roland ganz schön ungestüm werden kann, wenn zum Beispiel die Leberkässemmel bei einem Dreh mitten in der Pampa doch 'ne Weile dauert, um zu ihm zu kommen; da kann dann schon mal ein wildgewordener Brüllaffe durchkommen, was wohl mit seinem obsessiven Hunger zu tun hat), sondern auch im direkten Austausch mit dem Publikum.

»Das Theaterpathologische Institut will nicht nur spielen, es will konfrontieren und diskutieren.« (Ruhr-Nachrichten, 1985)

Das änderte sich auch nicht, als er in den 2000ern zum Kino wechselte; Roland begleitet seitdem seine Filme zu den Filmtheatern, um mit dem Publikum vor Ort zu diskutieren. Und je hitziger die Publikumsgespräche nach der Vorstellung, desto mehr freut er sich.

Die Diskussionen begannen meist im Theatersaal, wurden danach an die hauseigene Bar verlegt, um dann bis in die tiefe Nacht (oder den frühen Morgen) noch in der nächstgelegenen Kneipe fortgeführt zu werden.

Theatermacher und Schauspieler auf Augenhöhe mit dem Publikum. Theater als Dialog auch über die Grenzen der Bühne hinaus.

Soloabend *Herz in Formalin*, Künstlerkeller Hattingen 1983

Doch irgendwann war auch die Zeit der Schweinedärme, Kreuzigungen, Blutbäder und Orgien vorbei, es kamen Stücke wie *Merlin oder die gescheiterte Utopie* oder Shakespeares *Othello*, die durch die Kraft der zarten Töne und großen Emotionen überzeugten. Die Pathologie verschwand aus dem Namen, aus dem TPI wurde das Theater Institut (kurz TI).

Roland wollte sich nie instrumentalisieren lassen. Als es hieß, wir brauchen den nächsten ›Skandal‹, zog er sich zurück und inszenierte leise, sodass sich eine innere Stimme offenbaren konnte, die im lauten Alltag viel zu oft versinkt. Provokation mehr durch Inhalt denn durch Form. Weiterhin provokativ, aber nie dekorativ.

Und auch wenn er sich selbst nicht als Künstler sieht, so hält er sich doch an die Regeln - oder gerade die Nicht-Regeln - der Kunst, die immer ihrem eigenen Gesetz folgt und nicht dem Diktat moralischer, gesellschaftlicher oder monetärer Instanzen.

»Ich sehe Kunst - ich sehe mich übrigens nicht als Künstler, also ich habe es immer von mir gewiesen, wenn man mir gesagt hat, du bist Künstler. Ich möchte keiner sein. Ich möchte ICH sein - und das ist Kunst genug. Ich möchte was zu sagen haben. Und dann ist es mir egal, ob ich das durch einen Brecht sage oder Herrn Shakespeare oder durch meine eigenen Stücke. Und wenn ich nichts zu sagen habe, dann werde ich mich wieder in mein Wohnzimmer setzen, mit der Carrera-Bahn spielen oder was lesen, aber ich werde garantiert nicht reden, reden, reden, wenn ich nichts mehr zu sagen habe.

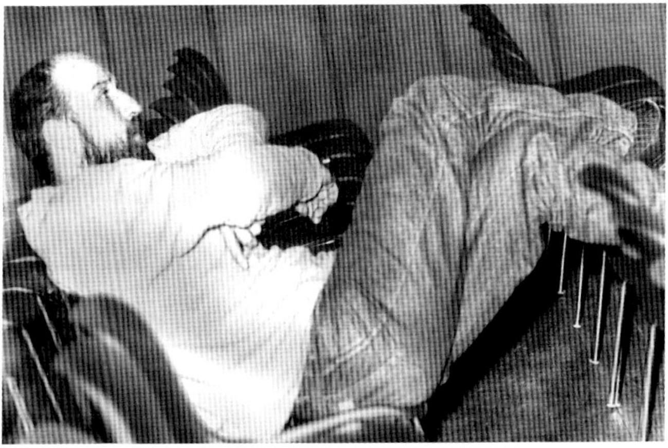

Künstlerforum Schulenburg, 1983

Und das mache ich sehr vielen Kollegen, mit denen ich zum Teil befreundet bin oder war, zum Vorwurf, dass sie ihrem Auto zuliebe, dass sie ihrem Eigenheim zuliebe, ihren Krediten zuliebe produzieren, produzieren, produzieren. Einen Stil entwickeln, merken, aha, den Leuten gefällt es - und so werden nach dem gleichen Raster Dutzende von Inszenierungen durchgezogen. Und eigentlich geht es nur um Geld. Und ich weiß etwas von mir, ich werde niemals käuflich werden. Ich möchte keine Hure sein.« (RR)

Ägypten, 1987

In den späten 80ern zog es Roland in die Ferne. Deutschland und seine Theaterszene wurden ihm zu bequem, er sehnte sich wieder nach mehr Spontaneität, leidenschaftlichem Diskurs und neuer Unbequemlichkeit. Und fand sie in Ländern wie Ägypten, Mexiko, Indien und vor allem auf Jamaika.

Vielleicht auch etwas Frieden, den er dringlich suchte. Hin- und hergerissen zwischen der Suche nach Ruhe und dem Willen, etwas zu bewegen, stocherte er wohl zu viel in den Wunden der Gesellschaft herum, um Frieden wirklich zu finden.

Er reiste zu den alten Kulturen Ägyptens und Mexikos, erforschte originäre Religionen auf Haiti, lernte die altägyptische Hieroglyphen-Schrift, er gab Schauspiel-Workshops in Moskau und der Karibik und er bereitete sich auf die kommenden Jahre des Welt Theater Projektes vor.

Arbeitsplan ab Juli 89

1) Alle alten Stücke in eine druckreife Form bringen;
2) Alle Papiere in einem einzurichtenden Büro ordnen! (u.a. Adressen, etc.);
3) Neues Theaterstück schreiben;
4) Drehbuch für Ägypten-Film schreiben;
5) Englischkenntnisse verbessern;
6) Reisen vorbereiten

Und er reiste das erste Mal nach Hof.

Im Oktober 1986 gastierte er mit seinem Stück *allsam* beim Hofer Herbst.

19 Jahre später wurde er Stammgast mit seinen Filmen bei den Hofer Filmtagen.

Und so hat sich wieder ein Kreis geschlossen.

(MG, Küche, 27.12.2021, 20 Uhr 38)

Es sind die Träume,
die uns am Leben halten ...
und es sind die Träume,
die uns auffressen.

(aus *Die Todesrevue,* 1984)

zu mir: Ich baue schauspielerisch ab. Das ist aber
klar da meine Hauptinteressen bei
der Regie und dem Schreiben stand. Wer
nicht mit ganzem Herzen Schauspieler ist
kann auch nichts Hervorragendes bringen.
Regie ist für mich aber elementarer Ausdruck
meiner selbst. ~~Ebe~~ So wie das Schreiben.
Obschon es auch ein bißchen weh tut zu spüren
wie der Schauspieler in mir langsam versandet
stirbt.
Man kann nicht alles zur Vollendung treffen. Aber es
ist schon eigenartig wie lächerlich [illegible]
meine Leistung auf der Bühne verkannt. Kein
Preis [illegible] mehr. Jetzt vielleicht gerade
noch – aber bald?
Na ja, wir werden sehen.

Regiebuch, September 1984

TPI, 1987

TPI, Heinz-Hilpert Theater, Lünen 1985

in die leeren gesichter

in die leeren gesichter
würde ich gerne leben malen
in die leeren herzen
eine empfindung pflanzen
und in die leeren seelen
einen hauch blasen

in die leeren gesichter
würde ich gerne hoffnung schreiben
und ich selbst
würde es jeden tag lesen
versuchen zu verstehen
zu empfinden
zu leben

und wenn es mir gelungen wäre
würde ich mir wünschen
es käme jemand
um mein leeres gesicht zu füllen

(hamburg 1980)

Wenn abends sich der Vorhang
~~im~~ vollen Lichte hebt
dann bin ich ein König
wenn ich auf den Brettern steh.
Draussen in Deinen Räumen
da fühl ich mich einsam
und allein
und wünsch mir nichts
so sehr
wie auf der Bühne zu sein.

Wenn ich einmal geh
und komm nicht zurück
dann halte mich nicht bei
der Hand
sag nur nicht
lass es doch gehn.

S'ist eh nur ein Kommödiant.

R

https://www.wtpfilm.com/bin-eh-nur/

(1983)

Der Traumprinz, *Hotel der verlorenen Träume*,
TPI, Künstlerforum Schulenburg 1983

an sabine, mein lachen

weißt du
geliebte
dass ich oft nächtelang neben dir liege
wachend
deine jugend anbetend
mit der angst vor
ihrer vergänglichkeit
so als wollte ich
jede minute deiner jugend
in mich aufnehmen
speichern
für später
wenn da nur noch kampf ist
und kein lachen mehr

(langenberg 1980)

psst ...

sei leise mein kind
dass sie dich nicht finden
wenn sie ihr volk zählen
für einen neuen krieg

psst ...
sei vorsichtig kind
wenn du auf die straße gehst
dass dich die häscher
nicht bekommen

psst ...
sei still mein kind
auf dass dich die lehrer
nicht erhaschen
und dein kleines gehirn formen
mit ihren regeln

(1983)

Freunde,

noch habt ihr keinen Grund zum Feiern,
der Weg ist noch lang, den ihr gehen müsst,
beschwerlich, und oft
werdet ihr glauben, ihn nicht zu schaffen.

Freunde, noch habt ihr keinen Grund zum Feiern,
die Dummheit der Menschen ist noch bodenlos
und der Fall der Unwissenden
noch lange nicht zu Ende.

Freunde, noch habt ihr keinen Grund zum Feiern
in der Zeit der Ignoranz,
in der die Zuversicht nur eine Utopie
und die Hoffnung noch ein Luxus ist.

Freunde, noch habt ihr keinen Grund zum Feiern,
euer Weg ist noch lang und dunkel,
und viel Unheil liegt noch verborgen
im Schatten einer Zukunft,
die vielleicht nie stattfinden wird für euch.

Freunde, lasst euch dennoch nicht abhalten
von eurem Marsch,
und geht unbeirrt und lachend
den Weg durch die Zeit.
Und wenn euch der Frohsinn vergeht,
lächelt über das Unheil,
wissend, dass auch dieses endlich ist,
wissend, dass das Maß der Qualen voll werden wird -
wie auch immer, geht weiter,
auf dass die,
die nach euch kommen,
den Mut erkennen, der euch trieb.

Und erkennen können eine Kraft
und sehen ein Zeichen,
dass ihr gelebt habt, dass es euch gab
in der Zeit der Hoffnungslosigkeit.

Setzt ein Zeichen dafür, dass ihr gelebt habt.
Ihr, die ihr Hoffnung auf euren Lippen tragt,
dick aufgemalt wie eine Nutte vor Beginn der Nacht,
und glaubt, eure Wünsche
wären Väter irgendeines Gedankens.
Seid nicht enttäuscht,
wenn eure Gedanken ertrinken
wie ungeübte Schwimmer
im schmutzigen Wasser.
Bedenkt,
dass euer Hoffen uralt
und euer Scheitern
Ewigkeiten schon währt.

Richtet euch darauf ein,
dass ihr ihn nicht mehr erlebt,
den Sieg der Fantasie.
Und dennoch kämpft
eine weit in der Zukunft liegende Generation
vor eurem geistigen Auge,
haltet durch.

Und wenn ihr untergeht mit euren Wünschen,
schreit kurz vor dem letzten Augenblick
eure Träume noch hinaus,
damit sie die hören,
die weitergehen müssen nach euch.

(1983)

Papst Bonifazius VIII., *Mistero Buffo*,
TPI, Museum Folkwang, Essen 1982

Ich habe Gott getroffen,
in einem Bahnhofspissoir
und Gott war sturzbesoffen
weil er so traurig war.

Es hätten ihn erschaffen
impotente Spießer
doch ~~wenn~~ wär er schon lieber
die Erfindung
von aufgeilen Genießern.

Dann sah ich Gott sich
ertrinken
in einem Männerklosett
ich ~~und~~ zog pietätsvoll die
Spülung
und siehe, Gott war weg.

8.6.85 14^{20} Schulenburg

ca. 1984

Freunde, ich will nicht

unendlich leben.
Denn Blumen, die nicht verwelken,
müssen aus Plastik sein.
Das Schöne an Rosen oder Nelken
ist doch, dass sie verwelken.
Das ist doch der Sinn des Seins.
Indem wir alle sterben,
ist doch die Ewigkeit.
Und die, die uns beerben,
werden sterblich sein.
Und die, die vor uns waren
und heute nicht mehr sind,
gingen und ließen uns erben,
darin seh ich den Sinn.

Mein Tod, das ist ein Schmetterling,
der fliegt mir stets entgegen.
Und ich werde lustig sein,
wenn wir uns begegnen.
Dann werde ich freudig mit ihm gehn,
mit Tanzen, Lachen, Scherzen.
Mein Tod, das ist ein Schmetterling,
der frisst meine tausend Schmerzen.
Der frisst die Angst, die Einsamkeit,
der frisst auch meine Sorgen.
Der Tod, das ist ein Schmetterling,
mein Hoffen auf das Morgen.
Mein Hoffen auf das Ende,
dass es zu Ende geht.
Dass sich das Rad der Sorgen
nicht ewig weiterdreht.

(8.6.1985, Schulenburg)

Die Todesrevue, TPI, Künstlerforum Schulenburg 1984

Herz in Formalin

Auf meinem Schreibtisch steht im Glas
ein menschlich Herz in Formalin.
Erinnert mich an Morgen
und dass ich sterblich bin.
Erinnert mich an Gestern,
an einen langen Weg.
Ich ging durch die Moraste
auf einem schmalen Steg.
In Formalin, da liegt das Herz,
das einst so laut geschlagen.
Das manchmal froh,
doch meist betrübt
so vieles hat ertragen.
Ich weiß dann, dass auch ich vergeh'
in diesem Strom der Zeit.
Bin nur ein kleines Blatt
am Baum der Ewigkeit.
Doch aller Kummer,
alle Sorgen
gehn einst mit mir dahin.
Dann liegt mein Herz
vielleicht bei Dir
im Glas in Formalin.

(geschrieben für meinen Soloabend *Herz in Formalin*,
Künstlerkeller Hattingen, 1983)

https://www.wtpfilm.com/herz-in-formalin/

Karnak-Tempel, Luxor/Ägypten 1987

Wer reist, will sich an neuen Erfahrungen ausweiten, sucht das andere, Fremdartige, den Kontrast als Spiegel, der das eigene Wesen verdeutlicht.
Ein Spiegel der uns zwingt zur Klarheit über uns selber, unsere Welt und Umwelt, die Grundlage unseres menschlichen Seins.

(1989)

Othello, TPI, Heinz-Hilpert Theater, Lünen 198

das lied vom bubatz

der bubatz ist gestorben
der bubatz lebt nicht mehr
es führen tausend wege
vom lande weg ins meer
es führen tausend wege
auf diesen steilen hügel
es haben tausend pferde
tausend kleine bügel

der bubatz ist gestorben
der bubatz lebt nicht mehr
es waren tausend worte
und jedes wort war schwer
sie nannten ihn ›den bubatz‹
und meinten er sei schlecht
es riefen tausend mäuler
und viele haben recht

der bubatz ist gestorben
der bubatz lebt nicht mehr
sie haben ihm sein haus verbrannt
und die ruin ist leer
wenn tausende es wollen
dann wird das weiße schwarz
wenn tausende so grollen
wie tausende es taten
dann muß der bubatz schlecht halt sein
denn er war schlecht beraten

der bubatz ist gestorben
der bubatz lebt nicht mehr
wir brauchen einen bubatz
schafft einen neuen her
den machen wir dann schon
sehr schnell und auch für immer
zu einem bösen
schlimmer als der alte war

der bubatz ist gestorben
der bubatz lebt nicht mehr
es führen tausend stimmen
an tausenderlei meer
darin tun wir ertränken
den neuen bubatz dann
und bauen uns einen neuen
den man erhängen kann.

(bochum, 1982)

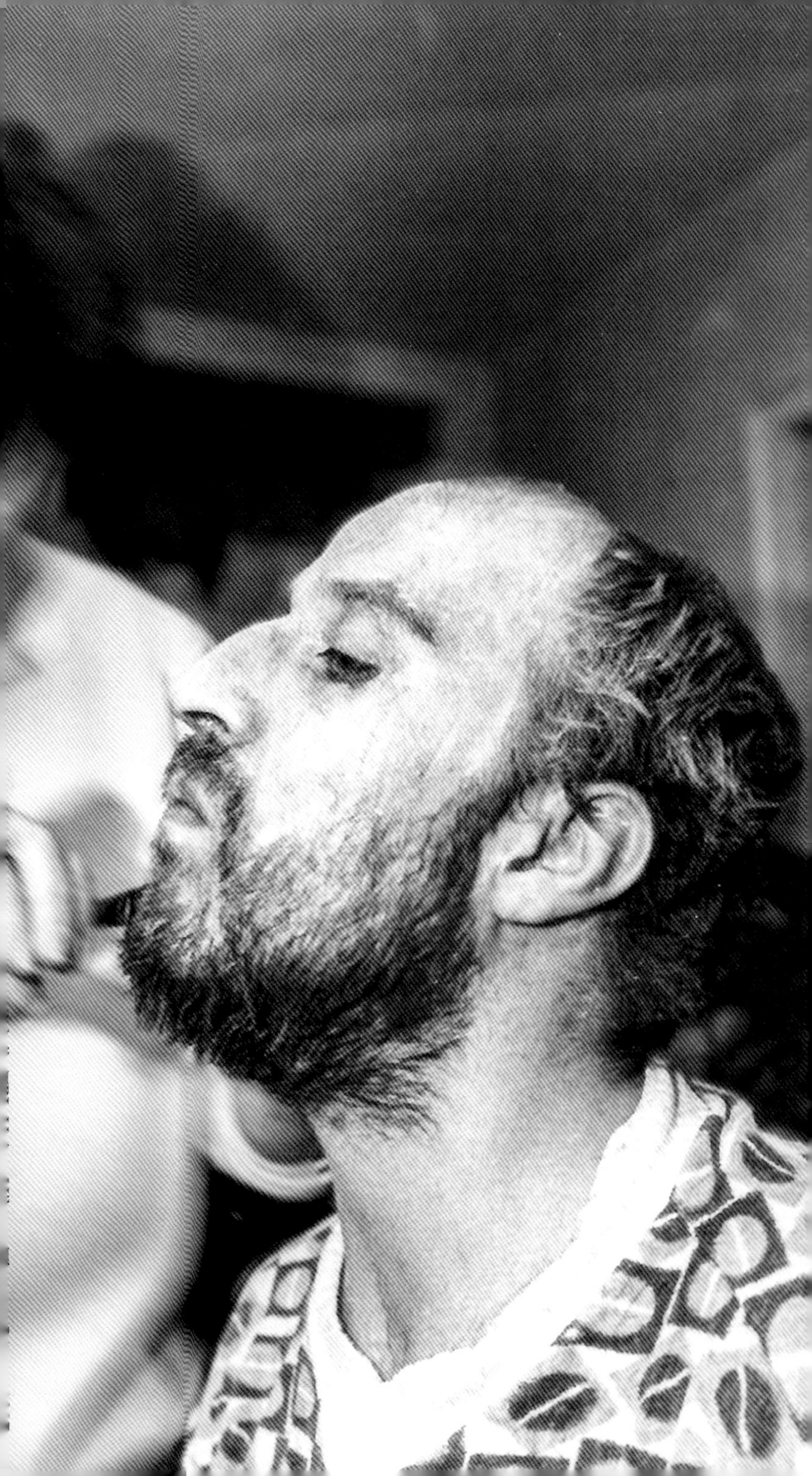

Der Possenreißer, *Mistero Buffo,* TPI, Theater Duisburg/Opernhaus 198

Ich liebe die, die aufrecht gehen

mit kerzengeradem Rücken,
die sonst vor keiner Obrigkeit,
vor keinem Herren bücken.

Ich mein damit nicht
jenes Volk,
das aus Prinzip dagegen.
Ich meine die, die
mit Verstand
die eignen Wege gehen.

Die ›Nein‹ nur aus
Gewohnheit sagen,
die halte ich - ganz ehrlich:
Ich halt sie für gefährlich.

(26. Mai 1987)

vater

ist dreißig jahre in die fabrik gegangen
jeden morgen
er hat nie gefehlt
mutter hat fünfundzwanzig jahre lang geputzt
säuberlich
ohne jeden fehl
und sie sind stolz darauf
sie haben nichts gelernt
all die jahre

(1983)

Max ist vom Hochhaus gesprungen,
er wollte hoch hinaus.
Inge ist versunken in einem Irrenhaus.
Peter ist in seiner Zelle,
er wollte Geschichte machen.
Rudolf ist tot, er brachte uns immer zum Lachen.
Wenn ich die alten Bilder sehe,
fallen mir oft die Namen nicht ein.
Ich sehe den einen oder anderen lachen
und weiß, auch er wird jetzt einsam sein.
Was haben wir alle werden wollen
und sind doch nur älter geworden.
Was wollten wir alles verändern,
das Gestern, das Heute, das Morgen.
Und haben so oft erfahren,
dass wieder einer fehlt,
als sie uns riefen beim Namen,
dass man uns wieder mal zählt.
So werden wir weniger werden,
bis einer der Letzte ist
und jenen bringt die Kunde.
Hoffe, dass Du es nicht bist.

(29.6.1986, 0:19 Uhr, Texte zu
Merlin oder Die gescheiterte Utopie)

Künstlerforum Schulenburg, 1983

Weißt Du,
für Dich wäre ich manchmal
abends zumeist
wenn die Gefühle
wie steinerne Wasser
in meinen Schädel fließen
gerne: ein strahlender, guter Junge,
würde mit meinen klumpigen Füßen
sogar tanzen lernen
um mit Dir
durch die rosafarbenen Straßen
Deiner Stimme zu hüpfen.

Dann aber
wenn die Klarheit
des Morgens meine Augen trifft:
blinzle ich kurz
schlage meinen sentimentalen Kopf
gegen die Steine
Eurer Herzen
und bleibe böse.
Ungeliebt – aber ich.

(Rückseite einer Textseite aus *allsam*, 1981)

EBER

Künstlerforum Schulenburg, Hattingen 1983

Seht, des Menschen Kraft ist eine endliche

»Vielleicht sind es die Bilder, die die Wirklichkeit formen. Bilder, die nur in den Gehirnen entstehen, aus ihnen kommen und zu ihnen zurückkehren. Und noch nicht einmal die Übereinstimmung ist es, die sie kennzeichnet, sondern die Widersprüche. Aus den unterschiedlichen Bildern entstehen Spannungen und aus den Spannungen Wirklichkeiten. Zuerst noch zögernd, sich vortastend, dann kräftiger werdend und am Ende beherrschende Bilder. Somit empfangen wir nur das, was wir ausstrahlen. Aber nicht rein und ungebrochen, sondern gefärbt, erhöht, erniedrigt, verunziert, verschönt - verändert eben.

Viele ertragen es nicht, dass das ausgesandte Bild nicht so rein wiederkehrt, als es entstanden. Sie stellen sich gegen das Empfangene, werden traurig oder böse, ungläubig oder resignierend. Sie wollen - oder können - nicht akzeptieren, dass da andere Sender sind, mächtigere oft, eingefahrenere, etabliertere, die sie überstrahlen, sie überlagern mit der oft fragwürdigen Kraft von jahrhundertelanger Eingefahrenheit. Immer und immer wiederholend geben diese Enttäuschten ihr Programm in den Wirklichkeitsäther, verzweifelte Programme oft, die sich in ihrer Wiederholbarkeit in einem nicht zu durchbrechenden Kreis bewegen.

Irgendwann senden sie nichts mehr, werden stumm. So, als wenn der Schmerz keinen Mund mehr findet und so zum Herzen wandern muss, um das ehemals warme kalt zu machen. Die Verstummten gehen in ein Exil, das weit in ihnen liegt, unerreichbar für jedermann, auch für sie selbst.

Die Flut der produzierten Bilder wird nicht weniger, es wird nur weniger oder vielmehr gar nichts mehr gesendet. Aber die Bilder sind da, wandern nach innen, ersticken die neu geborenen Metaphern und Deutungen, verschmelzen mit dem noch zu Denkenden, verknoten sich mit all dem noch nicht Gesagten und sterben, indem sie geboren werden und werden geboren, indem sie sterben.

Ja, selbst der Tod ist ja nur ein vieldeutiges Bild, ein nicht zu definierendes Signal unserer Sprachlosigkeit. Indem wir den Tod zu beschreiben suchen, erklären wir nur allzu oft den Zustand des Seins. Indem wir das Nicht-mehr-Sein beschreiben wollen, definieren wir das Immer-so-Seiende.

Unsere Begrifflichkeit des Glücks ist in vielen Fällen doch nur die Beschreibung unserer Unfähigkeit.

Vielleicht sind es die Bilder, nur die Bilder, die die Wirklichkeit formen.

Bilder, die nur in unseren Gehirnen entstehen, aus ihnen kommen und zu ihnen zurückkehren, wie in eine Heimat, die nur verlassen wurde, um schlechte Erfahrungen zu machen. Um wieder gerne daheim zu sein. Und in die man dann geschlagen zurückkehrt, um sich wohl zu fühlen in ihr als dem Urgrund unserer Existenz, der Heimstatt unseres Egos.

Die kurzen Exkursionen aus uns heraus zu einem ›Du‹, einem ›Ihr‹ - sind sie nicht die verzweifelten Versuche, zu uns zu kommen, zurückzugehen, allein zu sein?

Sind Siege wirklich angestrebt? Oder ist nicht vielmehr die Niederlage der Grund unseres Umkehrens, der wahre Motor unserer Kommunikation?

Die Sprachlosigkeit als die tiefere, ehrlichere Sprache, die Einsamkeit der hintergründige Sinn aller Kommunikation?«

Dies war die erste Rede des sprachlosen Meisters an seine nichtvorhandenen Jünger. Und so, als wolle er all die nicht Anwesenden mit einem tröstenden und mahnenden Wort entlassen, sagte der Meister:

Probe, TPI, Heinz-Hilpert Theater, Lünen 198

»Doch bei allem, was ihr erforscht und über das ihr nachdenkt, bedenkt auch die Endlichkeit.

Seht, des Menschen Kraft ist eine endliche.«

(ca. 1985)

Notizen

(zu *Mein Traum ist nur ein krankes Kind,* 1985)

Eine Seele, die nach Liebe schreit,
singt nicht nach Noten.

'robe zu *Mein Traum ist nur ein krankes Kind*, Heinz-Hilpert-Theater, Lünen 1985

Bei einigen Spinnenarten töten die Weibchen
die Männer kurz nach der Begattung.
So sterben die Spinnenmänner
auf dem Gipfel ihrer Lust.
Die Menschen sterben im Tal der Gefühle.
Sie haben von den Spinnen noch viel zu lernen.

Ein Wanderer,
nur
und mich
suche der Menschen
Sinn
weiß um
ihre Trauer
und daß ich
traurig bin.

Bin Wandrer
nur
und zwischen
erforsch der Menschen
Herz
weiß um
ihre Schmerzen
und fühle dich
den Schmerz

Bin Wandrer
nur
und leer
seh der Menschen
Pein
weiß nun
ihre Leiden
und Blicke
in mir
allein.

(1981)

Sie sagen

Sie sagen,
Du seist deinen Weg gegangen.
Oder ging der Weg mit Dir?
Sie sagen,
Du kanntest weder Zagen noch Bangen,
wärest niemals gegangen,
wärest immer hier
an diesem Ort geblieben.
Dein Hassen wäre gewesen wie lieben.
Du wärest niemals gewankt und geschwankt,
wärest immer standhaft geblieben
und hättest Dich noch kräftig gezeigt,
als Dir schon nichts mehr geblieben.

Sie wollten einen Mythos formen
und haben Dich doch immer nur benutzt.
Ich glaube, Dein Ende
war Dir lang schon bewusst.
Und als Du dann den Strick genommen,
gingst Du Deinen ureigenen Weg.
Was sie als eine Straße sahen,
war für Dich stets nur ein Steg,
auf dem du ängstlich vorwärtsgingst,
dem letzten Fluss entgegen.
Und dessen Wellen trugen Dich
zum Meer, das stets gewesen.

Und wenn es einen Himmel gibt -
für Dich hoffe ich, er ist nur ein Märchen -
dort ließen altjüngferliche Engel Dir
doch niemals den Eintritt gewähren.
Und selbst der Teufel -
sollte es ihn geben -
würde einen Teufel tun,
sich mit Dir abzugeben.

So sitzt du jetzt wohl im Niemandsland
der ewig Nicht-Akzeptierten
und bist dabei,
ich fühl es genau,
die Wartenden zu organisieren.
Sie werden einen Messias brauchen,
der Du so gern wärst gewesen.
Und dann am Ende,
ich seh es voraus,
bist Du auch dort der geblieben,
der Du hier in unserer Zeit
für viele warst gewesen -
einfach ein unruhiger Geist,
ein niemals zufriedenes Wesen.

(ca. 1983/84)

Aeneias, *Die Ilias*, Schauspiel Essen 1989

Den Hass

will ich euch lehren. Den Hass, jenen Vorboten der Erkenntnis, jenen Quell, aus dem das Verstehen fließt.
Wo die Liebe in ihrer Dickflüssigkeit endet, dringt er tiefer, den ganzen Raum, der ihm zur Verfügung steht, ausnutzend. Er dringt in die sonst unbeleuchteten Winkel unserer Welt. Ja, den Hass will ich euch lehren. Den Lehrmeister aller Erkennenden, den wahrhaft Liebenden, den Allumfasser.
Die Narrenköpfe, die ihrem Gott ›Liebe‹ als dem allein Seligmachenden dienen, begreifen nicht, wie klein ihr Verehrter ist, wie vorläufig.
Wissen sie denn nicht, dass die Liebe das noch im Wachstum begriffene Kind des Allumfassers Hass ist? Wissen sie wirklich nicht, wie umsorgend der Hass seine Gläubigen umhegt mit seiner Unachtsamkeit? Mit welch ergreifender Kälte er uns wärmen kann?
Wie er uns mit seiner einsam machenden Erkenntnis erfüllt, auf dass wir mit allem eins sind - im Hass?
Ach, ihr Toren, die ihr euren Stumpfsinn ›Verstand‹ und eure Unwissenheit ›Erkenntnis‹ nennt.
Hassen will ich ganz und gar. Hass will ich sein und Brand, der in eure strohgedeckten Dächer einfällt und euch wärmt, bis ihr Asche seid, auf der ich tanzen will wie ein Phönix der Gnadenlosigkeit.

(20.10.1984, 19 Uhr 15)

ich bin nichts

ich bin nichts und habe nichts
so hat man mir gesagt
ich sei nichts und ich würde nichts
haben die zu sagen gewagt
die niemals etwas schufen
und dennoch alles hatten
haben über meinen hunger gelacht
dieser clan der satten

ich bin nichts und habe nichts
so hat man mir gesagt
ich sei nichts und ich würde nichts
haben die zu sagen gewagt
die ihre fetten bäuche
durch manche party schoben
ich habe meine fantasie
und mich nie selbst betrogen

und wenn der tag der tage kommt
wo alle tage schließen
dann werd ich sie mit meinem traum
in einen keller schließen
das ist
und davor zittern sie
der letzte sieg
der fantasie

(1983)

TPI-Premiere *Mein Traum ist nur ein krankes Kind*, Heinz-Hilpert Theater, Lünen 1985

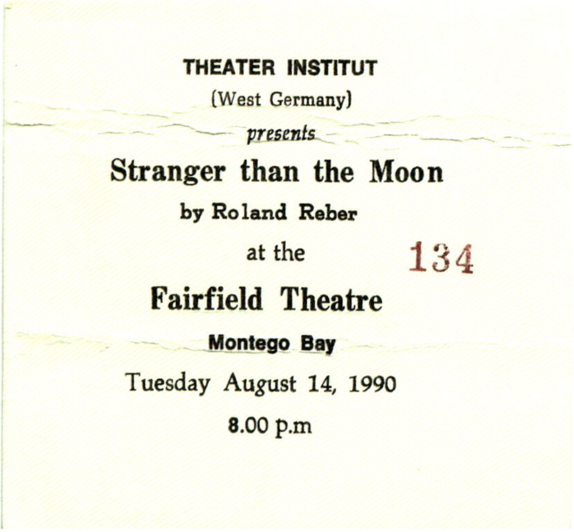

THEATER INSTITUT
(West Germany)
presents
Stranger than the Moon
by Roland Reber
at the
Fairfield Theatre
Montego Bay
Tuesday August 14, 1990
8.00 p.m

134

von Indien über Jamaika nach Bayern … die 90er

Negril/Jamaika, 1995

Denn es will Abend werden ...

Bitte gib mir Deine Hand,
denn es will Abend werden,
und die Reiter meiner Angst
erwachen jetzt in ihren Bergen.
Steigen auf ihre Pferde auf,
um zu mir zu reiten.
Bitte gib mir Deine Hand,
dann kann ich's ihnen zeigen.

Kingston/Jamaika, 1990

Bitte gib mir deine Hand,
denn es will Abend werden,
und die Vögel meiner Angst
kommen jetzt aus ihren Bergen.
Steigen in die Lüfte auf,
um zu mir zu fliegen.
Bitte gib mir Deine Hand,
dann kann ich sie besiegen.

Wir wollen froh und glücklich sein
und uns hier jetzt lieben.
Sag mir, Geliebte,
warum ist meine Hand so leer,
wenn wir beisammen liegen?

(Kingston/Jamaika, 1990)

https://www.wtpfilm.com/denn-es-will-abend-werden/

von Indien über Jamaika nach Bayern … die 90er

(eine persönliche Einleitung von Mira Gittner)

Ich lernte Roland 1994 kennen. Gerade mit meiner Schauspielausbildung fertig, bewarb ich mich beim Welt Theater Projekt. Ich dachte zuerst, das WTP wäre eine Bühne im Ruhrgebiet mit einem internationalen Ensemble. Das fand ich spannend. Es war dann doch ganz anders.

Das Welt Theater Projekt wurde 1989 von Roland initiiert - in Zusammenarbeit mit der deutschen, russischen, karibischen und mexikanischen UNESCO-Kommission - und fand im Rahmen der Weltdekade für kulturelle Entwicklung der Vereinten Nationen und der UNESCO statt. Die Zielsetzung des Welt Theater Projektes basierte auf der offenen Begegnung verschiedener Kulturen.

»*Die Zeit verschlingt ihre Bilder* hieß das Stück, das wir 1988 in Ägypten erarbeitet und dann in Deutschland aufgeführt haben. Als Improvisationsgrundlage dienten uns damals Texte aus den *Totenbüchern* des Neuen Reiches. Sieben deutsche Theaterschaffende zogen von Kairo nach Luxor und von dort weiter nach Assuan. Jeden Tag Tempel, Gräber, Ruinen und jener Text, der uns nicht nur zeitlich, sondern scheinbar auch begrifflich so weit entfernt war. ›Jeder Gott ist Furcht‹ stand da, oder ›Ich bin rein‹, ›Ich will nicht vergehn‹. Mit Ägyptern haben wir selten gesprochen, eher über sie - die alten damals im Neuen Reich, und jene, die uns heute auf der Straße entgegenkamen. Versucht haben wir es schon, aber es blieb im Ansatz stecken. Was sollten deutsche Schauspieler auch besprechen mit Menschen, die das Wort ›Theater‹ kaum kannten. Nein, wir brauchten nicht zu sprechen, wir machten ja eine Produktion über und nicht für das Land und seine Geschichte. Zuhause dann - vertraute Gesichter, gewohnte Sitten, Endproben, Premiere. Und doch blieb da ein Gefühl, eine Ahnung, dass etwas nicht konsequent zu Ende gedacht war. Und wie einfach war doch die Antwort, als wir sie gefunden hatten: Wir hatten die Ägypter vergessen. Hier lag der Fehler, ein großer, wie wir heute wissen. Und das war die Stunde gewesen, in der eine Idee Gestalt annahm, die heute einen Namen hat: das Welt Theater Projekt.« (RR)

Die Projekte fanden daraufhin in den jeweils involvierten Ländern mit den dort beheimateten und internationalen Schauspielern statt. So entstanden nach *Die Zeit verschlingt ihre Bilder*, Ägypten 1988 (Thema: der Tod), die Welt Theater Projekte *Stranger than the Moon*, Jamaika 1990 (Thema: die Fusion), *Beyond the Horizon*, Jamaika 1993 (Thema: Kolumbus) und *I thought You had gone as well*, Indien 1994 (Thema: die Vielfalt).

»Wir wollten diese Deutschlandbezogenheit aus dem Theater rauskriegen. Weil wir Deutschen denken ja immer, wir sind die Kultur. Und realisieren nicht, dass wir nur ein ganz winziger Ausschnitt von Kultur sind. Anstatt also ins Land zu kommen und nur Vorträge zu halten, sollten Kulturschaffende über längere Zeit bleiben und wirklich Ideen und Ausdrucksformen mit der Bevölkerung und den heimischen Kollegen austauschen. Austauschen kann viel mehr bewirken als nur lehren.« (RR) - Theater als Dialog.

Aus dieser Idee entwickelte sich ein lebendiges Theater, das spontan und nicht über, sondern mit den beteiligten Schauspielerinnen und Schauspielern entstand.

Die Entwicklung der Stücke fand zum Großteil in Projektform statt. Bei Produktionsbeginn war nur das Thema festgelegt. Die Stücke entwickelten sich direkt vor Ort, von Probe zu Probe - umwerfen, neu schreiben, sich an die Geschichte, Umstände, Befindlichkeiten der beteiligten Personen und Länder anpassend.

Jedes Projekt wurde so zu einem Abenteuer. Und darauf wollte ich mich einlassen. Also sagte ich meinen Stückvertrag beim Landestheater Dinslaken ab und begab mich neugierig an den Frankfurter Flughafen, um gemeinsam mit dem deutschen Team die abenteuerliche Reise nach Neu-Delhi anzutreten.

Haiti, 1990

In den ersten Wochen ging es ums Kennenlernen, um den Austausch mit den indischen, jamaikanischen und deutschen Kolleginnen und Kollegen, um die Eindrücke, die wir in einem fremden Land, dessen Gesellschaft, Geschichte und Kultur sammeln konnten. In dieser Phase standen wir als Privatpersonen und nicht die Rollen im Zentrum; die waren zu diesem Zeitpunkt noch gar nicht geschrieben.

Mit dieser Projektform entwickelte Roland ein paar Jahre später auch viele seiner Spielfilme.

Wir durchstreiften also gemeinsam die Märkte von Neu-Delhi, ich saß das erste Mal auf dem Rücken eines Elefanten, wir fütterten Affen beim Hanuman-Tempel, aßen Paneer Shahi in Old-Delhi, besuchten das Ganesh-Festival und den Ashram in Poona. Die ersten Wochen waren für mich fast wie Urlaub, nur schöner, denn ich konnte Land und Leute viel näher kennenlernen, als mir das je als Touristin möglich gewesen wäre.

Eine Erfahrung, die ich 10 Jahre später während der vielen Filmfestivals rund um den Globus erneut erleben durfte - mit vielen Begebenheiten, die sich tief in mein Inneres geschrieben haben: Wir trafen im Libanon auf die Hisbollah, wurden in Ägypten von Father McKerry exorziert, besuchten als erste internationale Filmemacher das Filmfestival im indischen Siliguri, verteilten als letzte verbliebene Gäste aus dem Westen die Preise beim Cairo IFF for Children, als George W. Bush den Einmarsch in den Irak befehligte und die britischen, französischen und amerikanischen Jurykollegen regelrecht aus dem Land flohen - und Roland sprach sich überall offenherzig gegen Zensur aus.

Als internationaler Gast durfte er das aussprechen, was nationalen Kollegen in vielen Ländern nicht gestattet war. So gab er durch seine Interviews, Theaterstücke und Filme denen eine Stimme, die sie selbst nicht erheben konnten.

Und da Worte für Roland der Zugang zu fremden Welten sind, redeten wir beim Indien-Projekt sehr viel. Miteinander, übereinander, wir diskutierten und improvisierten. Es gab Spielübungen und psychodynamische Wettbewerbe, die die Gruppenenergie ordentlich ankurbelten. Und Roland beobachtete dann nur noch. »Das Erste ist, ich versuche eine ganz persönliche Involviertheit von den Leuten herzustellen, indem ich sie provoziere - auch mal psychologischen Terror betreibe, indem ich sie in Situationen bringe, in denen nicht mehr zu unterscheiden ist, ist das jetzt privat, gehört das noch zur Produktion oder was bedeutet das - und über diese Betroffenheit werden Emotionen erzeugt und über diese Emotionen ein Reflektieren darüber. Und dann kommt die Phase, da geht es rein um die Verallgemeinerung des Erlebten, wie kann man daraus eine Szene machen, ein Stück oder es in die Rolle integrieren. Meine Funktion ist mehr, die Aufgaben zu stellen, zu beobachten, zu kommentieren, nicht selbst einzugreifen. Ich sehe mich nicht als Dompteur, eher als den ersten Zuschauer.« (RR)

Probe zu *Stranger than the Moon*, Jamaika 1990

Und irgendwann fing Roland zu schreiben an. Tippte all diese Eindrücke in seine Schreibmaschine. Schrieb auf Papier oder auf Servietten die ersten Texte und es enstanden Rollen, Monologe, Dialoge und ein ganzes Stück.

Danach begann für uns alle eine ganz reguläre Probenzeit bis hin zur Aufführung. Das Umfeld war allerdings sehr viel spektakulärer als beim Landestheater Dinslaken.

Jamaika, 1990

Und ich lernte, wie Roland seine Stücke bzw. Projekte besetzt.

Roland war nie ein Freund von unpersönlichem Vorsprechen, er ›castet‹ lieber durch intensive Gespräche. Dabei ist er gerne in Bewegung, also findet ein Großteil der Bewerbungsgespräche beim Autofahren, Spazierengehen oder in meinem Fall beim Gassi gehen mit seinem Hund an der Ruhr statt (ein Jahrzehnt später wurden die Spaziergänge von Wilbur, dem Minischwein, und zwei Katzen begleitet. Und noch ein paar Jahre später wurden daraus Motorradtouren - Rolands ganz private Passion war seine Harley Davidson).

Er redete erst über das gerade anstehende Projekt und seine Art und Weise zu inszenieren, erwähnte kurz seinen beruflichen Werdegang, zeigte Aufzeichnungen seiner Theaterstücke, die mich begeisterten, und dann hörte er nur noch zu. Wartete ab, was von mir kam. Beobachtete mich und stellte hin und wieder eine - gern provokante - Frage. So wie er inszeniert, so führt er auch ein Vorstellungsgespräch, so konnte ich schon vorab einen Eindruck über das Kommende gewinnen - meist sind es auch mehrere und bei mir waren es vor allem sehr lange Gespräche. Also viele Kilometer an der Ruhr. Er wollte den Mensch hinter der Schauspielerin kennenlernen. Denn er besetzt immer den Menschen.

Roland saugt alles auf wie ein Schwamm und wenn der Schwamm wieder ausgedrückt wird, entsteht ein Theaterstück, ein Spielfilm - oder ein Gedicht, das den ganzen Schmerz in sich aufnimmt, so als könne er seine Dämonen mit dem Stift auf Papier bannen.

Schreiben, um die Gedanken zu ordnen, schreiben, um herauszufinden, was man empfindet, schreiben, um sich ein Stück näher zu sein.

Wenn der Schmerz und die Angst in mir nicht mehr so stark sind, werde ich vielleicht ein Stück schreiben, voll Liebe und Wärme.

der Autor in *allsam*, 1980

»Wenn ich schreibe, öffnen sich alle Zimmer, auch die mehrfach verschlossenen«, lässt er später den Schriftsteller in *das zimmer* sagen.

Ich bin nie wieder zu einem Vorsprechen gegangen, ~~Heute~~ Heute weiß ich, das ich ein Schriftsteller bin. Wenn ich schreibe öffnen sich alle Zimmer, selbst die mehrfach verschlossenen.

Textseite *das zimmer*, 1999

Es konnte auch vorkommen, dass das, was man so von sich gab, irgendwann als Text zu einem zurückkam. Mir ging es auf jeden Fall so. Wir saßen in Neu-Delhi am Frühstückstisch, wir hatten die halbe Nacht diskutiert, die Nerven lagen bei mir schon etwas blank und ich plärrte ihm etwas zu. Ein paar Tage später bekam ich einen Monolog, der sehr meinen Worten ähnelte … habe dann ich meinen Monolog geschrieben? Ist ja auch egal, denn Roland hat nie behauptet, er sei der alleinige Gestalter seiner Stücke, er spricht sein Leben lang von Teamwork, von einem Ensemblegedanken, einer Philosophie der Gemeinschaftlichkeit.

Probe zu *Mistero Buffo*, TI, Theaterzelt Das Schloß, München 1997

Nach Indien und dem Ende des Welt Theater Projektes kam eine Phase des Ausprobierens: der Versuch, ein weiteres Freies Ensemble 1996/97 in München zu etablieren oder 1995/96 als Journalist auf Jamaika mit Berichten über Peter-Paul Zahl oder das James Bond Festival Fuß zu fassen (unvergesslich das Treffen mit dem riesigen »Beißer« Richard Kiel, einem sehr sympathischen Mann - an seiner Seite eine klitzekleine Frau -, neben dem selbst Roland winzig erschien).

Es wurde über ein Bob-Marley-Musical verhandelt und über interaktive Werbevideos für jamaikanische Hotels.

James Bond Festival, Jamaika 1996

Zu dieser Zeit zwar noch abhängig von einem externen Kamerateam, so war die Idee des Filmemachens doch neu gesät, schlummerte und wartete auf den richtigen Moment. Der kam 1998, als Roland meine Mutter beim Kauf einer kleinen Videokamera beraten sollte. Wir wanderten durch den Saturn-Markt in München und Roland stand plötzlich wie paralysiert vor einer Vitrine. Er starrte auf die darin befindliche erschwingliche professionelle Digital-Videokamera, eine Sony VX 9000 (inzwischen ist daraus eine ARRI Alexa Filmkamera geworden), und dieser Moment war der eigentliche Beginn der wtp international Filmproduktion.

Kurze Zeit später hatten wir zusammen mit unseren Teamgefährtinnen die Kamera und ein gesponsertes Schnittsystem organisiert. Das Licht wurde aus Jamaika zurückgeholt (Roland wollte sich nie wieder von anderen abhängig machen, also hamsterte er in den laufenden Jahren all das für eine spontane Produktion notwendige Equipment zusammen), ein Auftrag für einen Imagefilm über die Herstellung von Turnier-Rosetten für den Pferdesport wurde angenommen.

Dreharbeiten zu *das zimmer*, 1999

Ich übernahm die Kamera, Roland die Regie und nach dem Dreh den Schnitt. Sagte er. Er habe 1979 schließlich schon einmal einen Spielfilm geschnitten. Sagte er. Und spielte am Computer herum.

Roland konnte sich bei Computerspielen immer am besten entspannen, seine eigene Festplatte dabei formatieren und Platz schaffen für neue Gedanken. Zwischen *Age of Empires* und *Die Siedler* zeigte er mir meisterlich die Grundzüge des Schnittprogrammes, die hatte er sich zumindest schon angeeignet - und spielte dann weiter. Der Abgabetermin rückte immer näher.

Roland vergleicht sich auch gerne mit einer Diesel-Lok, die eine Weile braucht, um richtig in Fahrt zu kommen, einmal aber angelaufen, sprühen unaufhaltsam die Funken.

Überhaupt hat Roland im Laufe seines Schaffens einen starken Hang zur Bahnhofs- und Wartehallensymbolik entwickelt. Ob Gedicht, Essay, Romanfragment oder Theaterstück, irgendwann kommt immer wieder der Zug, der Bahnhof oder wie im Indien-Projekt eine Flughafenwartehalle vor (gut, in Indien brach während der Probenzeit die Lungenpest aus, es gab politische Unruhen und wir waren mittendrin wie in einer Wartehalle, nicht genau wissend, wohin das Ganze führt).

Vielleicht, weil er als Jugendlicher eine Weile am Bahnhof verbrachte, um Abstand von seinem Elternhaus zu bekommen - er fühlt sich bis heute noch heimisch auf den Flughäfen und Bahnhöfen dieser Welt -, vielleicht auch, weil es ein treffendes Sinnbild für die Dynamik des Lebens ist, denn Leben heißt für ihn: in Bewegung bleiben. Auch im Denken.

Und so folgt er noch immer seinen ganz eigenen Gleisen, mal gerade, mal krumm, er lässt seine Reise aber nie durch fremde Schranken verbiegen.

Port Royal, Jamaika 1995

Streckenweise kommt Roland auch nur unter Zeitdruck in Höchstform. Mir wurde der Druck dann doch irgendwann zu stark und so setzte ich mich eines Morgens an den Computer und begann zu schneiden. Und ich schnitt. Und ich schnitt weiter, den nächsten Videoclip, den nächsten Kurzfilm, den nächsten Spielfilm und heute schneide ich immer noch. Roland hatte in mir meine größte Begabung und Leidenschaft entfacht: die Montage, das Collagieren von Wort, Bild und Musik.

Das kann er auf wundersame Weise: Erkennen, was in einem steckt und es fördern, ohne es dogmatisch zu forcieren, sondern eher wie ein Gärtner die Begabung geduldig zu pflegen, zu hüten, auch mal zu rupfen, zu gießen, bis sie aufblüht und sich zu erkennen gibt.

Selbsterkenntnis heißt in seiner Welt eben genau das.

(MG, Küche, 18.11.2021, 15 Uhr 22)

»Was suchst du?«, fragte Schwester Zeit den Sucher.
»Einen Ort«, antwortete er.
»Wenn er nicht in dir ist, kannst du ihn niemals finden.«
»Und wie finde ich den Ort in mir?«
Und Schwester Zeit lächelte:
»Blicke in die Augen des Menschen, den du liebst,
und du wirst alle Orte sehen.«
(aus dem Mystery-Roman *Die 7 Orte*)

Haiti,1990

Haiti, 1990

Abends

https://www.wtpfilm.com/abends-wenn-die-nebel-steigen/

Abends,
wenn die Nebel steigen,
und Dunkelheit
sich auf die Erde legt
wie ein Teppich
aus gefrorenem Schweigen,
will ich gehen,
will ich reisen.

Abends,
wenn die Träume nahen,
und Einsamkeit
sich auf meine Sehnsucht legt
wie ein Raubtier,
das lauert, um zu reißen,
will ich gehen,
will ich reisen.

Reisen in ein fremdes Land,
wo Lachen ist und Heiterkeit,
wo man Zeit nach Lust
und nicht nach Leid misst,
wo der Löwe
nicht das Lamm frisst,
wo die Flüsse
aufwärts fließen,
und statt ins Meer
in wolkenlosen Himmel
sich ergießen.

Ob ich glaube,
dieses Land wär existent?
Ob ich glaubte,
so was könnte sein?
Du fragst mich,
Schalk in deinen Augen,
und ich sag Dir:
Nein.

Aber
abends,
wenn die Nebel steigen,
und Trauer sich ins Herz mir gießt,
dann reise ich - nur in Gedanken -
dahin,
wo ein breiter Strom
in einen wolkenlosen Himmel fließt.

(Hattingen, den 12.12.1990)

Jamaika, 1990

Der Scheich, *Versteckte Kamera*, München 1999

Warum schreibe ich?

In mir brennt kein Feuer, wie einige Schreiber von sich berichten; noch kann ich ordentlich, d. h. in der richtigen Ordnung meine Gedanken zu Papier bringen. Vielleicht ist es ein Muss.
Aber bitte nicht falsch verstehen, nicht etwa, dass ich schreiben müsste, weil ein innerer Drang - eben jenes Feuer - in mir ist, sondern weil ich wieder mal ein Projekt angekündigt habe und es geschrieben werden muss, damit die Schauspieler es auf die Bühne bringen können.
Warum schreibe ich?
Es ist keine große Weltpolitik, die zu beschreiben ich mir anmaße, noch sind es geniale Auswürfe; ich schreibe eben, weil ich ein Schwätzer bin. Manchmal gelingt mir ein guter Satz und wenn ich viele gute Sätze beisammen habe, baue ich ein Stück darum herum.

(Bombay/Indien, 18.11.1993)

Komödiant

Komödiant, Komödiant,
komm zeige mir,
wie du suchst, wie du irrst,
wie du stehst und vergehst.

Komödiant, Komödiant,
zeig mir des Lebens volle Fülle,
zeig mir des Todes blankes Gesicht,
zeig mir das Laute,
zeig mir das Stille,
zeig mir die Sünde
und das letzte Gericht.

Komödiant, Komödiant,
zeig mir der Mutter Angesicht,
wenn des Sohnes Tod ihre Seele bricht.
Zeig mir des Todes blutige Hand,
zeig mir den Frieden in friedlichem Land,
zeig mir, wenn Trauer Gesichter verzerrt,
zeig mir des Tyrannen liebendes Herz.

Komödiant, Komödiant,
entführe mich in ein Land,
in dem Winter im Sommer sich bricht.
Zeig mir der Liebe grausame Hülle,
zeig mir der Opfer gebrochenen Willen.
Fliege empor,
zeig wie du fällst,
zerschelle am Boden,
erhebe dich schnell.

https://www.wtpfilm.com/komoediant/

Weine und lache,
sei traurig und froh,
locke und stille
der durstigen Kehle
weinseligen Willen.
Mache betrunken die einsame Seele,
führ sie auf Wegen steil in die Höhe,
lasse sie fallen und fange sie auf,
steige hinab und steige hinauf.

Komödiant, Komödiant,
ich will sehen, wie du fällst,
wie du suchst,
wie du irrst
durch diese sinnlose Welt.

Komödiant, Komödiant,
zeig mir die Welt
und halte mich fest,
wenn du spürst, dass ich wanke.
Und dann gib mir Schrecken
in meine Gedanken.

Komödiant, Komödiant,
ich hab Angst, dass du gehst,
und hab Angst, dass du bleibst.
Habe Angst zu vergehn,
zu vergehn,
zu vergehn.

(Hattingen, den 15.11.1990)

Ich leb' hier nur noch im Exil, Soloabend, Bochum 199

Ich steh ja so auf Tranquilizer

aus dem Soloabend *Ich leb' hier nur noch im Exil*
(interpretiert in Pfälzer Mundart)

https://www.wtpfilm.com/tranquilizer/

Ich steh ja so auf Tranquilizer. Das ist nicht so einfach, wie Sie denken. Oh nein, das ist ein richtiges Problem. Ich finde ja keine Nacht Schlaf. Ich wälze mich hin, ich wälze mich her, die Ruhe find ich nimmermehr. Es ist so schrecklich. Außer wenn ich so ein paar Pillen einschmeiße. Nach so zwei, drei Pillen schwimme ich von der ekelhaften Wirklichkeit in den Traum.

Soloabend, Bochum 1991

Aber die Dinger zu beschaffen ... Sie haben als Normalbürger ja keine Ahnung, wie man in diesem Land uns ›Tranquilizer‹ behandelt. Ich kann ja nicht einfach hingehen und sagen: »Herr Doktor, schreiben Sie mal 'ne dicke Packung Schlaftabletten auf.« Das macht der nicht.

Wenn es ein lieber Doktor ist, dann spielen wir für den halt eine kurze Komödie. Der weiß, was läuft. Der kennt den Hintergrund. Aber er spielt mit, weil er es ja abrechnen kann.

Also spielt man, lässt sich schon von der Sprechstundenhilfe hineinführen mit einem leicht steifen Arm.

Man wartet, bis die Tür zu ist und sagt dann: »Herr Doktor, ich habe so Schmerzen hier im linken Oberarm. Wenn ich ihn so nach hinten bewegen will, oh, tut das weh. Und abends, wenn ich zum Einschlafen - und ich kann nur so einschlafen, seit meiner Kindheit - den Arm in Position bringen will, geht es nicht. Was kann ich nur tun, damit der Schmerz weggeht?«

Dann sagt der liebe, gute Doktor nach kurzer Überlegung: »Ich gebe Ihnen diese Salbe, die Sie bitte die nächsten 14 Tage auftragen. So lange wird das dauern. Und für die Zwischenzeit schreibe ich Ihnen auch noch was zum Schlafen auf.« Und schon haben Sie's.

Andere stehen mehr auf psychologische Defekte.

Das geht dann ungefähr so: »Lieber Herr Doktor, ich hab ja so Sorgen. Meine Frau ist so krank, weil ihre Mutter im Sterben liegt und ihr Vater sich letzte Woche bei einem Autounfall schwer verletzt hat. Ich pflege sie alle. Jeden Morgen stehe ich um 5 Uhr auf, um alle meine Pflichten erfüllen zu können. Und nachts, da liege ich wach und stelle mir meine gequälten Lieben vor. Jede Nacht, jede Nacht.«

Dann sagt er: »Ja, lieber Mann, Sie haben doch die Verantwortung für die Familie.«

Sag ich: »Ich weiß, ich weiß.«

»Aber Sie müssen doch auch einmal schlafen.«

Und dann antworte ich: »Könnten Sie bei solchen Tragödien noch ruhigen Schlaf finden?«

Und ist es ein lieber, guter Arzt, sagt er genau an dieser Stelle: »Ich schreibe Ihnen da mal was auf, damit Sie schlafen können.«

Und so haben Sie's wieder.

Es gibt ja aber nicht nur liebe, gute Ärzte, sondern auch diese AOK-Haie, die glauben, sie wüssten alles besser. Die sagen dann: »Versuchen Sie es doch einmal mit Schlaftees aus der Drogerie.«

Dann heißt es geistesgegenwärtig kontern: »Herr Doktor, ich habe das ganze Sortiment durchprobiert. Ich trinke jeden Abend literweise das Zeug und kaum liege ich im Bett, muss ich pissen. Kaum liege ich im Bett, muss ich pissen. Und das die ganze Nacht.«

Oder so ein Trottel sagte mir mal: »Machen Sie es wie die Kinder, zählen Sie Schafe.«

Da habe ich ihm gesagt: »Herr Doktor, ich zähle ja jede Nacht die Schafe von eins bis eintausend und mehr, aber jedes Mal, wenn ich so bei eintausendfünfhundert ankomme, springt ein Wolf über den Zaun und frisst sie auf, die armen Schafe. Ich steh senkrecht im Bett und rufe: ›Weg, ihr Schäflein! Rennt weg!‹ «

Ein anderer sagte mir, ich solle doch so lange Fernsehen gucken, bis ich müde sei.

»Herr Doktor, das regt mich nur noch mehr auf. Haben Sie mal Fernsehen geguckt in der letzten Zeit? Da ist eine Leiche vor einem Panzer im Golf. Sie schalten um und sind in den Straßen von San Francisco, wo ein Massenmörder hinter einer Frau herrennt, sie schalten zurück und sehen verstümmelte Leichen von einem Jumboabsturz. Nee, Herr Doktor, nee, Fernsehen ist nichts für mich.«

»Sie müssen ja auch nicht solches Zeug gucken, es gibt doch auch unterhaltsame Shows.«

»Herr Doktor, Herr Doktor. Das regt mich doch noch mehr auf. Letzte Woche habe ich so ’ne Show gesehen, wo die Kandidaten Fragen beantworten und am Ende bleibt der Beste übrig und bekommt die 10.000 Mark-Frage gestellt. Letzte Woche wars ’ne Frau gewesen, die auf den goldenen Ratestuhl durfte. Und der Mann sagte: ›Jetzt kommt sie, die 10.000 Mark-Frage, konzentrieren Sie sich. Was ist die Hauptstadt von Italien?‹. Und die blöde Kuh glotzt und glotzt und der Sekundenzeiger dreht sich und dreht sich und ich habe geschrien: ›Rom! Rom! Rom!‹. Danach war ich die ganze Nacht fix und fertig.«

Soloabend, Bochum 1991

Da hat mich dieser hinterhältige Kerl in eine Therapiegruppe geschickt. Ich denke, gut, gehst da halt zwei- oder dreimal hin, danach gibt es die guten Tabletten. Ich komme also da an, wir sitzen im Kreis, da steht ’ne Frau auf und sagt: »Ich heiße Bärbel und ich masturbiere viel.« Da hab ich gesagt: »Gut, liebe Frau, davon kann ich aber auch nicht schlafen.«

Danach haben sich alle auf mich konzentriert.

Ich würde die ›Vibes‹ stören. Hab ich gesagt: »Ja ich bin doch nicht freiwillig hier. Ich bin doch verpflichtet, damit ich die Tabletten kriege.«

Danach haben sie ’ne Bettwurst geholt und mir gegeben. Sie kennen doch diese Bettwürste, wie sie früher auf den Sofas lagen. Ich nehm also das Ding und der Gruppenleiter sagte mir, das sei jetzt meine Mutter und ich solle ihr alles sagen, was ich ihr immer mal sagen wollte.

»Also bei allem Wohlwollen«, habe ich ihm gesagt, »meine Mutter mag ja viele Marotten gehabt haben, aber eine Bettwurst war sie doch nicht gewesen.«

Dann sollte ich mir vorstellen, das sei mein Vater. Aber auch damit hatte ich meine Schwierigkeiten. Als wir die ganze Verwandtschaft durchprobiert hatten, gab er mir noch eine letzte Chance. Ich könnte mir irgendjemanden auswählen, bei dem ich mir vorstellen könnte, er oder sie sei die Bettwurst. Mir fiel aufs Verrecken niemand ein, also habe ich einfach jemanden erfunden und sie Monika genannt. »Gut, gut«, rief die Gruppe, »sage Monika, dass du sie liebst.« Und ich, ich sagte zu dieser Bettwurst: »Ich liebe dich, ich liebe dich.« Und alle haben geklatscht. Dann sollte ich Monika hassen. Und ich habe sie gehasst, ich habe sie gewürgt bis die Nähte aufplatzten. Und wieder haben alle geklatscht.

Tabletten gab es keine danach. Dafür habe ich aber in dem Kurs eine masochistische Apothekerin kennengelernt. Seitdem gibt’s die Dinger klinikpackungsweise.

Sie sehen, Psychotherapie hat schon ’nen Sinn.

(Soloabend *Ich leb’ hier nur noch im Exil*,
Bochumer Kulturrat e. V./Zeche Lothringen 1991)

Porträt, 1992

geliebte

hat man dir nicht gesagt
geliebte
dass die liebe wie ein fluss ist
in dem man schwimmen kann
aber auch ertrinken
irgendwann, geliebte, schwimmt unsere liebe
zum meer
zum meer

hat man dir nicht gesagt
geliebte
dass alle flüsse tränen sind
von denen die erkannten
oder nie begriffen
irgendwann, geliebte, nähren unsere tränen
das meer
das meer

hat man dir nicht gesagt
geliebte
dass alle hoffnung traum ist
der endet wie der schlaf
im hellen licht des tages
irgendwann, geliebte, stirbt unser traum
im meer
im meer

(Kingston/Jamaika, 1990)

https://www.wtpfilm.com/geliebte/

Ich leb' immer im Exil

https://www.wtpfilm.com/im-exil/

Ich fühle mich hier nur noch wie ein Gast.
Und das auch nur für kurze Zeit.
Diese Angst und diese Hast,
die hier das Leben prägen,
ich will sie nicht,
ich brauch sie nicht,
ich will mich frei bewegen.

Deutschland, du bist mir keine Heimat mehr
und ich will nicht in dir verweilen.
Ich sah zu viel,
ich weiß zu viel,
um länger hierzubleiben.
Es ist kein Hass,
der mich von hier vertreibt,
es ist kein Groll,
es ist kein Streit,
der mir die Richtung weist.
Es ist ein leises, tiefes Hoffen,
das meinen Weg markiert,
der mich von hier an einen fernen Strand
in die Sonne führt.

Hier fühle immer ich mich fremd,
versteh die Sprache nicht,
die Hass auf alles Fremde lehrt.
Versteh den Weg nicht,
der die Lämmer
jeden Tag zum Schlachthof führt.

›Kein schöner Land in dieser Zeit,
ich weiß nicht, was soll es bedeuten,

unter diesem Lindenbaum
fließt unser Vater Rhein.
Jenseits des Tales stehen jetzt unsre Zelte
und wie oft sind wir geschritten
auf diesem schmalen Pfad.‹
Verzeiht, ich höre schon die Schüsse
von einem neuen Stalingrad.

Ich weiß,
nicht alle denken so.
Doch ich kanns nicht ändern,
für mich sind es zu wenige,
die wirklich was verändern.
Jeden Tag höre ich euren Streit,
und eure Einsamkeit
frisst tief sich in mich hinein.
Muss das sein,
muss das sein,
hab ich mich jahrelang gefragt.
Heute weiß ich,
es ist mir einfach alles hier zu viel.
Ich leb' hier immer im Exil.

Ich bin gereist,
fand andere Kultur
und andere Menschen,
die, obwohl sie nichts besitzen,
gerne was verschenken.
Die arm in unsrer Wertung sind
und so unendlich viel besitzen,
weil lachend sie in tiefer Nacht
vor ihren Hütten sitzen.
Das Lachen, Freunde, ist der Schlüssel,
die Sonne und die Heiterkeit.
Ich sehe Hoffnung auf den Ghettos sitzen
und hier nur satte Selbstbezüglichkeit.

Jamaika, 1995

Dort sterben Menschen auch,
wie hier,
und blut'ge Wunden sehe ich auch dort.
Ich seh Miliz und Straßenbanden,
seh Terror und Grausamkeit.
Doch dann seh ich 'ne alte Frau
in bunten Kleidern auf der Straße tanzen,
und sehe Glauben in den Augen,
dass alles besser werden kann,
dass hinter dieser steinernen Mauer
ein Paradies beginnen k a n n.

Und hinter dieser Mauer
wird ein Stacheldraht sein.
Und hinter dem stählernen Gitter
wieder 'ne Mauer aus Stein.
Und dennoch gehen sie weiter
ohne dies tägliche Jammern.
Sie haben nichts
und so unendlich viel,
weil sie sich nicht ans Heute klammern.

Ihr Blick ist anders
wie der unsrige,
er schaut nicht in eine Richtung,
er schaut in die Zeit.
Er schaut nicht auf das ärmliche Heute,
er blickt in Richtung Ewigkeit.
Und dieses Lachen,
ihr könnt es mir glauben,
es öffnet ein Tor zur Zeit.
Und hier nur immer wieder
satte Bequemlichkeit.

Miami, 1990

Einkommenssteuer.
Mieterschutzgesetz.
Unser Nachbar hat Aids
und die Tante hat Krebs.
Monika hat jetzt ihr Abitur,
wie soll sie einen Studienplatz finden?
Karl ist jetzt Abteilungsleiter.
Abends unter den Linden
hecheln sie ihre Verwandten durch
und finden das Haar in jeder Suppe.

Peter ist jetzt auch nicht mehr froh,
er fand eine Selbsterfahrungsgruppe.
In Dresden schießt man jetzt wieder auf Juden
und die Republik rennt von Skandal zu Skandal.
Barbara fand ihren dritten Mann
und alle finden das eklig,
heimlich im Wandschrank das Pornoheft,
auf den Lippen stets Treue und Kälte im Bett.
Harald Juhnke im Fernsehen
und den Simmel im Schrank,
Berlin wieder Hauptstadt,
dem Himmel sei Dank.

Wisst ihr jetzt,
wie weit es schon ist?

Und über den Ghettos
seh ich die Hoffnung sitzen.
Hier seh ich nur satte Gefälligkeit.
Ich werde gehen,
ich sehe zu viel.
Hier bin ich nur noch im Exil.

(1991)

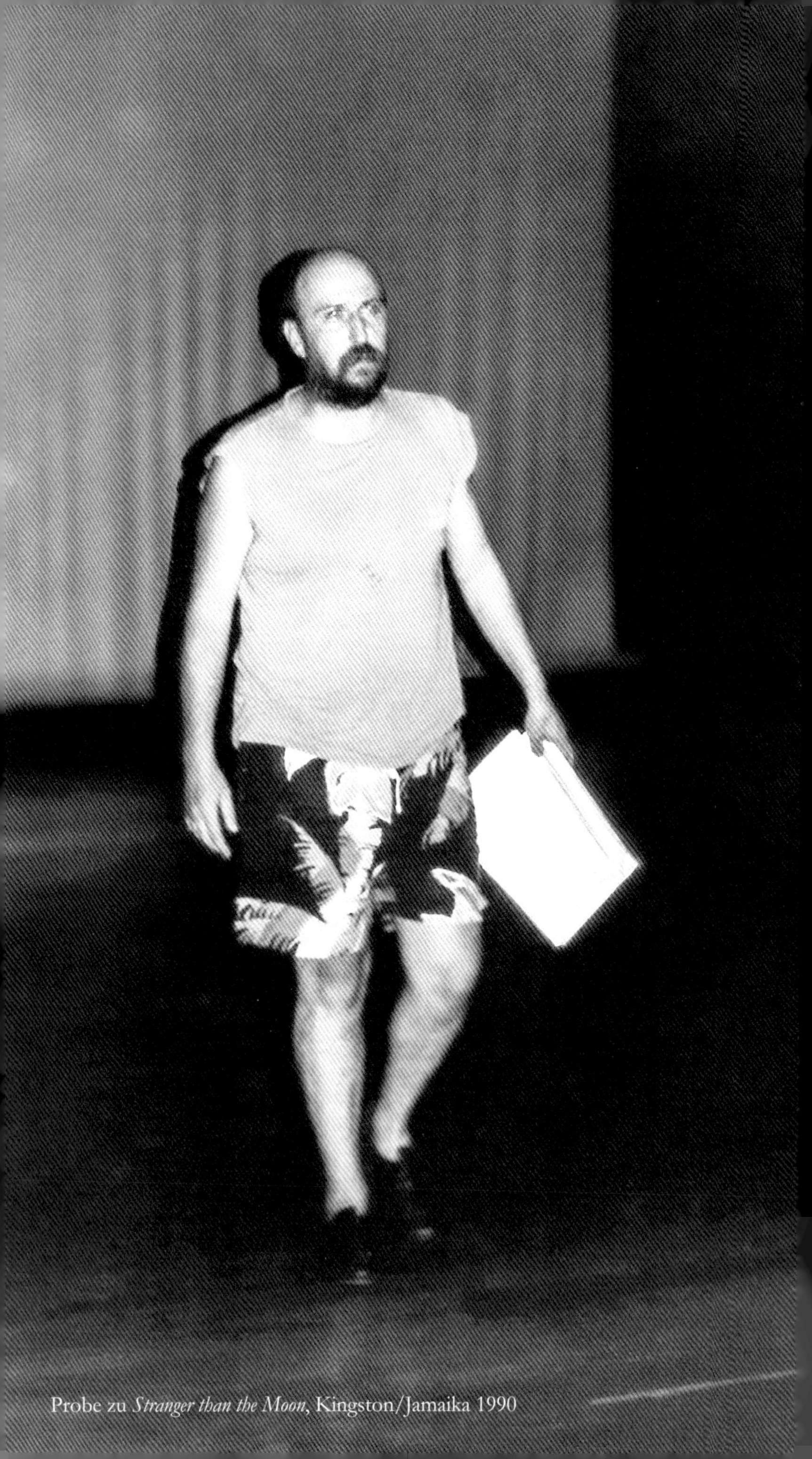

Probe zu *Stranger than the Moon*, Kingston/Jamaika 1990

Atlantis

Vor langer Zeit gab es Atlantis. Es war ein Kontinent ohne Krieg und ohne Hass. Wir, die Menschen, haben es zerbrochen.
Als der erste prähistorische Jäger einem anderen Jäger seine Keule auf den Kopf schlug, brach ein Stück von Atlantis ab.
Als die Erbauer der Pyramiden ihre Peitschen auf die Rücken der Arbeiter schwangen, brach ein Stück von Atlantis ab.
Als sie dem friedlichen Mann aus Galiläa die Nägel in seine Hände schlugen, brach ein Stück von Atlantis ab. Als Nero Rom verbrannte, brach ein Stück von Atlantis ab.
Als die Kreuzfahrer aufbrachen, um den Nahen Osten in Blut zu tauchen, als die Scheiterhaufen brannten und man Frauen als Hexen ins Feuer warf, in den Folterkammern der Inquisition - jedes Mal brach ein Stück von Atlantis ab.
Als die Guillotine ihre blutige Mahlzeit nahm in den Straßen von Paris, brach ein Stück von Atlantis ab. Als die Millionen in die Gaskammern von Auschwitz geschickt wurden, brach ein Stück ab. Als sie Martin Luther King erschossen, weil er einen Traum hatte, brach ein Stück von Atlantis ab.
In den Straßen von Dublin und Beirut, in den Gassen von Medellin und auf dem Platz des himmlischen Friedens in Peking brach ein Stück von Atlantis ab. Jeder Tote in den Ghettos dieser Welt ist ein Stück von Atlantis.
Was sollte noch übrig sein von Atlantis?
Was?

(aus dem Theaterstück *Stranger than the Moon,* Jamaika, 1990)

https://www.wtpfilm.com/atlantis/

In Erinnerung an Leroy Lindow, der sinnlos ermordet wurde in Downtown Kingston.
Ich widme mein Stück *Beyond the Horizon* ihm und allen anderen Opfern in diesem großen Krieg des Lebens. (RR, Kingston/Jamaika 1992)

Bruder

(unseren Freunden in Downtown Kingston gewidmet)

Bruder,
ist Angst denn überall?
Schwester,
wird es niemals gut?
Bruder,
das Leben ist ein Überfall.
Schwester,
mir fehlt der Mut.

Bruder,
ist die Welt so schlecht?
Schwester,
wird sie schlechter?

Bruder,
sie treten stets das Recht.
Schwester,
sie werden nicht gerechter.

Bruder,
stirbt heute unser Traum?
Schwester,
stirbt er heute Nacht?
Bruder,
für Tränen ist kein Raum.
Schwester,
sie haben ihn umgebracht.

(Kingston/Jamaika, 12.5.1990)

https://www.wtpfilm.com/bruder-schwester/

Bartolomé de las Casas, *Nova Atlantis*, Theater Institu
Zimmertheater/Bochumer Kulturrat e. V. 19

Mariechen, Mariechen

Mariechen, Mariechen,
die Schlacht ist geschlagen,
der Krieg ist vorbei.
Die Hörner rufen die Reiterei,
sie traben nach Haus,
der Krieg ist vorbei.
Der Trommler ist tot,
er starb vor der Zeit.

Die Toten schlafen ruhig auf dem Feld,
die Waffen umschlungen -
Brüder der Welt.

Mariechen, Mariechen,
der Trommler hat Ruh.
Mariechen, Mariechen,
der Trommler warst Du.

(Hattingen, Mai 1990)

Wandern

Freunde, hört mir zu: Ich geh'.
Und niemand kann mich halten.
Ich suche mir ein andres Land,
wo Winter sich im Sommer bricht,
wo niemand nach der Zeit der Trauer
über traurige Dinge spricht.
Wo niemand seinen Nächsten
mit seinem Hass erschlägt,
wo niemand, wenn ein Freund ihn ruft,
ohne Antwort geht.
Wo immer Sonn' und Sommer ist,
ziehen mich meine Gedanken.
Haltet mich niemals fest,
wenn ihr seht, ich schwanke.
Lasst mich einfach weiterziehn
in diesem Strom der Zeit,
ich treibe zu dem großen Meer
der Unendlichkeit.
In Euren Räumen ist mir kalt,
in Euren Gedanken fühle ich mich fremd.
Ich will erkannt sein, wie ich bin,
dort, wo mich niemand kennt.
Ich will Fremder unter Fremden sein,
um Nähe nah zu fühlen.
Ich will nicht viel,
ich will viel mehr,
will endlich einmal siegen.
Will meinen müden Körper dort
in die Sonne legen,
und meine dumme Seele
unter Palmen pflegen.

Und Euer Hass und Euer Kampf,
ich will ihn schnell vergessen.
Und dann mit einem fremden Freund
ein kleines Hühnchen essen.
Will mich an fremden Stränden sonnen
und Ruhe ziehet in mein Herz.
Und ich will ganz leise dann vergehen,
die südlichen Winde sollen wehen
und meine Seele dann nach Karnak tragen.
Keine Kämpfe mehr und kein Ertragen.
Und fragt mich dort dann jener Richter,
der die Unterwelt bewacht:
»Willst Du wieder, willst Du wieder?«
Dann schüttle ich den Kopf ganz sacht
und sage ihm ganz ohne Groll,
»Warum? Kannst Du mir sagen, was dies alles soll?«
Und dann, dann treffe ich
Neckschmeck, meinen Freund, und die andern.
Endlich Friede,
nie mehr wandern,
nie mehr wandern.

(Hattingen, den 9.12.1990)

Karnak – nahe Luxor/Ägypten
Neckschmeck – verstorbener Jugendfreund von Roland

https://www.wtpfilm.com/nie-mehr-wandern/

Altersheim Lied Nr. 1

(Hattingen, 4. Oktober 1990)

Du hast gesagt,
du littest
in dieser Leidenszeit.
Die mit dir einst gestritten -
wohl wissend, dass ihr fehlt -,
sie hätten auch gelitten,
ob ihr den rechten Weg
beschritten
oder ob ihr doch
den falschen habt gewählt.

Nun seien alle alten Freunde
dahingegangen zu dem Meer,
das aller Flüsse letzter Blick ist.
Es gibt kein Du,
ein Ich nur noch vielmehr.
Und stumme kalte Wände
sind deines alten Blickes letztes Ziel.
Und kalte Wächter
reiben sich die kalten Hände
und pflegen lieblos
jenen Rest,
der von dir blieb.

So nimm denn meine Hände
in dieser kalten Zeit.
Vermeide Worte an sie zu verschwenden,
bleib stumm und würdig,
bis die Ewigkeit
ihre großen warmen Hände
dann um deine Schultern legt,
und um dich dann den warmen Mantel
des gnäd'gen Todes zärtlich webt.

Haiti, 1990

Wo Steine herzlos liegen …

Und wenn in deinen Augen
nur immer Trauer ist,
wie soll ich da noch siegen,
wenn deine Tränen liegen
auf dem geliebt' Gesicht?

Wenn alle meine Sinne
in dir nur Ängste spüren,
wie soll ich da bestehen,
wenn kalte Winde wehen,
die in die Trauer führen?

Wo soll ich Trost noch finden,
wenn Kummer dich bedrückt,
was nützen meine Siege,
wo Steine herzlos liegen,
wo meine Hoffnung ist?

(28. Februar 1991, Hattingen, 22:47 Uhr)

https://www.wtpfilm.com/wo-steine-herzlos/

26. September

Warum hat man mich in diese Welt geworfen
wie ein lebendes Stück Dreck,
auf dass ich bestehen soll
in einer Zeit, die nur den Starken
liebt und den Zerbrechlichen zerbricht?

Warum hat man mich in diese Welt geworfen
wie ein Opfertier auf den Altar,
auf dass ich sterben soll,
um die Kraft jener zu stärken,
die keine Gnade und kein Mitleid kennen?

Warum hat man mich in diese Welt geworfen
wie einen Spielball der Langeweile,
auf dass ich fliegen soll,
um das Gelächter jener zu wecken,
für die das Leben Spiel und das Sterben
der anderen ein Zeitvertreib ist?

(26. September 1990)

Nun ist es Nacht geworden

nach diesem dunklen Tag,
die Vögel sind gegangen,
der Himmel ist verhangen,
weil er's nicht sehen mag.

Nun ist es Nacht geworden
nach diesem kalten Morgen,
kein' Vogel hörst du singen,
verstummt sind alle Stimmen,
geblieben nur die Sorgen.

(11. Februar 1991, 24:23 Uhr
Hattingen)

Abends treiben Leichen ...

Abends treiben Leichen
durch den schmutzigen Fluss meiner Gedanken.
Und wie die Wellen ihre Arme wiegen,
so scheint es, als winkten
mahnend sie mir zu,
und bunte Lichter rahmen
blut'ge Henkersstätte.
Die Guillotine
schaukelt leicht im Wind,
der Brandgeruch
vom Schlachtfeld mit sich bringt.
Musik mit leisen,
frohen Tönen
vom Friedhof her
mein Herz berührt.
Und so, als riefen
Schuld und Angst mich,
werd' sacht ich in den Schlaf geführt.

(12. Mai 1990, 7:30 pm
Kingston/Jamaika)

https://www.wtpfilm.com/abends-treiben-leichen/

Jamaika, 1993

Ich hatt' ein Nest

und wollt' es nicht
und wollte nie was andres.
Bin lieber mit gebrochenen
Flügeln aus Zement
ziellos herumgeflogen.
Ich habe Dich -
und das heißt mich -
mit wahrer Lüge
jahrelang betrogen.

(1993)

WORLD THEATRE PROJECT (WTP)
in Cooperation with
UNESCO

Head of the WTP : Roland Reber

[illegible], 4. Okt. 93

Ein leises Sterben
liegt hier in der Luft
und Totenklagen steigen
aus dem Dunst
Das Lachen stirbt
und mit ihm auch die Lust.

Der Vogel Hoffnung hat gebrochene Schwingen
und stirbt den Steine [illegible] –
zur Mutter Erde
ich ~~machen~~ wolle leben
ich will Lust –
und Schatten dringen mir
aus eingebrochenen Brust
~~machen und ich mache~~

ich will sein
ich will werden.

Es liegt ein leises Sterben

in der Luft
und Totenklagen steigen
aus dem Dunst.
Der Vogel ›Hoffnung‹ hat gebrochne Schwingen
und stürzt
- dem Steine gleich -
zu Mutter Erde.
Ich will leben.
Ich will Lust.
Und Schreie formen sich
in meiner eignen breiten Brust.
Singe, singe kleine Seele,
stürze nicht in ungeahnte Kluft.
Sei mir Mutter,
liebe Erde, noch nicht,
noch nicht meine Gruft.
Fasse mich,
packe mich sicher
und trage meine Seele
hoch hinauf.
Lass im Fluge sie erahnen,
dass ein Sinn in allem liegt.
Und gib mir Hoffnung, Leben.
Schicksal,
höre meinen Schrei.
Morgen.
Morgen,
Götter,
Himmel,
bin ich dann für Dich bereit.
Singe, singe,
Mutter Erde, mir das Lied
von Leben und Tod.

(Kingston/Jamaika, 4.Okt.93)

Kleiner Vogel

bald bist Du wieder frei.
Und die Bewegung deiner Flügel
wird die Luft erwärmen,
die ich nicht mehr atme dann.
Der Fänger vergeht
wie zur Strafe für seinen Fang.
Du aber durchmisst die Lüfte,
wieder frei.

(Bochum, 1995)

was ist deine freiheit ?
deine freiheit ist eine waffe, mit der du schlaegst,
deine freiheit ist das feuer, mit der du andere brennst,
deine freiheit ist die luft, die du dem anderen nimmst,
deine freiheit ist das gefaengnis, in das du andere bringst,
deine freiheit ist der richter, der andere verurteilt,
deine freiheit ist der Stein, mit dem du die anderen einmauerst.
was ist deine freihet ?
deine freiheit ist die trochekheit, aus der wuesten entstehen,
deine freiheit ist der sturm, der alles niederreisst,
deine freiheit ist die flut, die das land ueberschwemmt,
deine freiheit ist der tod.

23.9.

(Ashok-Hotel, Neu-Delhi/Indien, 23.9.1994)

Karsky, *Die schmutzigen Hände*, Schauspiel Essen 19

Als ich jung war habe ich geglaubt die
Unwissenheit wäre der Grund für ~~das~~
~~Leid, das Unglück~~. das Unrecht – die Ungerechtigkeit
Ich glaubte wenn die Menschen begreifen
würden – wenn sie alle, alle gebildet
wären gäbe es kein Unrecht mehr –
keine Ungerechtigkeit.
(~~Ich habe mich geirrt~~.)
Damals dachte ich „Sie sind nicht
ungerecht – sie sind unwissend"
Manchmal machte ich für mich Pläne
wie das Wissen zu allen Menschen
kommen könnte. Die Menschen lernen,
begreifen – und die Lösung ist da.
So einfach!
Zu einfach!

30.9.94
N.D
B.R

(aus dem Theaterstück *I thought You had gone as well*,
Neu-Delhi/Indien, 30.9.1994)

Jamaika, 1992

Rede über die Geschichte

(Rede vor dem *International Diplomatic Club* in Neu-Delhi/Indien, Dezember 1993)

Was habt ihr gelernt aus der Geschichte?
Nichts.
Solange sich die Inder als Inder und die Jamaikaner als Jamaikaner und die Deutschen als Deutsche fühlen, wird es keinen Weg geben, dass aus uns ein WIR wird.
Ja, wir sind in verschiedenen Kulturen geboren.
Aber sind wir nicht alle Menschen? Geboren mit den gleichen Gefühlen?
Ist ein Jamaikaner weniger traurig als ein Deutscher?
Ist ein Inder weniger fröhlich als ein Jamaikaner?
Sind wir nicht alle hungrig, sind wir nicht alle müde nach einem langen Tag?
Hoffen wir nicht alle, dass da eine Zukunft ist, ein MORGEN?
Uns trennen Traditionen, Regeln, Formen -
nicht Inhalte.
Sollen die recht behalten, die in Indien sagen: WIR BRAUCHEN KEINEN KONTAKT ZU DEN WESTLERN?
Sollen die recht behalten, die in Jamaika glauben:
JEDER WEIßE IST EIN SKLAVENHALTER?
Nein, sie sollen nicht recht behalten.
Was habt ihr gelernt aus der Geschichte?
Nichts.
Solange wir unsere Vorurteile in uns verschließen und sie nur in den nationalen Gruppen aussprechen, werden die Vorurteile die Mauer sein, die uns trennt.
Ja, wir alle haben Vorurteile.

Als die Briten aus Jamaika abzogen, waren die Jamaikaner erst einmal nicht bereit, für die verbliebenen britischen Besitzer zu arbeiten und holten Inder nach Jamaika. Und die Jamaikaner nannten sie ›two for one‹. Weil sie der Ansicht waren, es braucht zwei Inder, um die Arbeit für einen Jamaikaner zu tun. Und sie heißen noch heute so.
Vorurteil.
Und die Deutschen, die alles immer besser wissen.
Was ist das Land Indien für euch: Elefanten, Schlangen, heilige Männer im Wasser stehend, Taj Mahal und die heilige Kuh. Was? Es gibt Telefon und Flugzeuge in Indien? Haben die denn Piloten oder leihen sie sich die von den Briten aus?
Vorurteil.
Und, liebe Inder, nicht jeder Deutsche ist ein Nazi. Und nicht jeder Deutsche verbrennt Ausländer.
Vorurteil.
Was habt ihr gelernt aus der Geschichte?
Nichts.
Solange ihr in dem anderen nur das Fremde seht, das es abzuwehren gilt, habt ihr nichts verstanden.
Und wir sind nur ein kleines Abbild der großen Welt.
Und neben den Vorurteilen sind es die Entschuldigungen, die uns trennen.
Jamaikaner, ihr wart Sklaven. Man hat euch von Afrika nach Jamaika verschleppt und die Briten ... aber das ist eine andere Geschichte.
›We were ruled 200 years by the British‹.
Yes - you were. Nicht jeder eurer Fehler ist durch 200 Jahre Sklaverei zu entschuldigen. Denn jeder von euch lebt heute. Jeder von euch ist ein Teil Geschichte. Macht es besser.

Der Faschismus hat eine Geschichte in Deutschland, ich weiß. Und unsere Väter und Großväter und Großmütter haben dem Teufel in Menschengestalt gedient - mit Freude. Das ist keine Entschuldigung, dass man heute wieder Häuser niederbrennt. Und jeder von euch lebt heute. Jeder von euch ist ein Teil Geschichte. Macht es besser.
Reden, reden, reden.
Besserwissen.
Entschuldigung und Vorurteile.
Lernt. Lernt aus der Geschichte.
Und seht Geschichte nicht als etwas, das die da oben machen und ihr habt zu folgen wie Lämmer, die sich selbst zur Schlachtbank schleifen. Jeder von uns ist ein kleiner Teil, lasst es uns besser machen.
Wartet nicht, bis uns unsere ›Herren‹ befehlen, uns zu vertragen oder bis sie uns erzählen, dass Krieg ist und wir den anderen - das Fremde - töten sollen.
Die Mauer, die uns trennt, heißt Unwissenheit.
Der Graben zwischen uns heißt Blindheit.
Und der Stacheldraht an der Grenze heißt Ignoranz.

The River

Was soll ich sagen?
Wie es erklären?
Es gibt den Fluss. Er ist immer da.
Er war immer da.
Und er wird immer da sein.
Nenne ihn Gott.
Nenne ihn Leben.
Nenne ihn Karma.
Nenne ihn Schicksal.
Und er ist all das und er ist mehr.
Kein Mensch ist für immer mit ihm zusammen.
Es ist schon ein großes Glück, wenn er dich für eine Sekunde berührt.
Dann wissen wir.
Dann zweifeln wir nicht.
Dann ist alle Hoffnung, alles Wissen, aller Glaube in uns.
Viele, die meisten Menschen, sehen ihn nie.
Seine Wasser berühren sie nicht.
Und die, die der Fluss berührt,
werden es nie vergessen.
Es gibt keine Zufälle.
Was du Zufall nennst, ist,
wenn der Fluss dich berührt.
Du glaubst, es geht nicht mehr.
Du glaubst, du kannst nicht mehr weiter.
Und da - plötzlich, unerwartet -
ist es da.
Das Licht.
Die Rettung.
Die Lösung.

Nenne es dann nicht Zufall.
Erlaube deiner skeptischen Seele,
es den Fluss zu nennen.
Und der Fluss ist ewig.
Wir leben nur nahe an seinen Ufern.
Manche werden ihn nie sehen.
Aber vielleicht hören sie sein Rauschen
im Moment des äußersten Glücks
oder tiefster Verzweiflung.
Und mag ich auch noch so verzweifelt sein,
ich weiß, er ist da.
Und wenn ich ihn nicht sehe,
dann höre ich doch seine Stimme.
Und wenn er mich berührt,
berührt er mich mit seinem Licht.

Wie finde ich den Fluss?

Er findet Dich.

(aus dem Theaterstück *I thought You had gone as well*,
Neu-Delhi/Indien, 1994)

Am Nil, Ägypten 1987

Zeiten

Es ist die Zeit der Trauer,
es ist jetzt Trauerzeit.
Der Herbst geht fast zur Neige,
es will sich Winter zeigen
für alle Ewigkeit.

Es ist die Zeit der Sorgen,
es ist jetzt Sorgenzeit.
Das Lachen will nicht gelingen,
Gefühl will Tränen bringen
für alle Ewigkeit.

Es ist die Zeit des Sterbens,
es ist jetzt Sterbenszeit.
Das Leben will vergehen,
die rauen Winde wehen
für alle Ewigkeit.

Und doch wird die Zeit des Siegens,
eben jene Siegeszeit,
mit ihren mächt'gen Schwingen
die Todeszeit bezwingen.
Es kommt,
es kommt die Zeit.

(Hattingen, Januar 1991)

https://www.wtpfilm.com/zeiten/

IFFI 2009
IFFI 2009

Die Wahrheit ist ein halb totgeschlagenes, ängstliches Tier, das sich im Urwald des Lebens versteckt.

(aus dem Spielfilm *The Dark Side of our Inner Space*, 2003)

Goa/Indien, 2009

Das erste Bike, 1960

Hofer Filmtage, 2011

Der Kino-Buddha … die filmischen 2000er

Wie viele Wege

bin ich schon gewandert
in diesem dunklen Land?
Wie viele Wüsten habe ich durchquert,
die Schuhe voller Sand?
Wie viele Flüsse habe ich durchschwommen
in diesem dunklen Tal?
Wie viele Berge habe ich erklommen
mit Schmerzen, unter Qual?
Wann kann ich endlich ruhen
in festen lichten Wänden -
und alles Wandern
hat ein Ende?

(29.7.2001, Flug Kairo - München)

Verbier/Schweiz, 2010

»Die Filme sind nicht als kalkulierte Provokation gedacht. Wenn sie provozieren, dann - ich sage immer, die Leinwand ist ein Spiegel. Es kann nichts anderes rausgucken, als was reinguckt. Und wenn sich jemand provoziert fühlt, würde ich es fast eine Selbstprovokation nennen.« (RR)

Der Kino-Buddha ... die filmischen 2000er

(eine Einleitung von Antje Nikola Mönning)

Die Jahrtausendwende markierte auch in künstlerischer Hinsicht einen Wendepunkt, Roland widmete sich nun ganz dem Film.

»Ich habe 20 Jahre lang als Schauspieler, Autor und Regisseur in Deutschland und auf internationaler Ebene Theater gemacht. Wenn ich etwas sagen wollte, schrieb ich ein Stück und inszenierte es. Irgendwann kam der Punkt, an dem mir bewusst wurde, dass die Bühne beschränkende Grenzen hat, die überschritten werden sollten. So kam ich wieder zum Filmemachen, weil mir Kino diese kreative Freiheit gibt und es durch die Nähe am Schauspieler auch viel näher am Zuschauer ist. Für mich ist Filmemachen ein Dialog und es ist näher an mir selbst. Die Filme sind immer nur als Anstoß gedacht. Als Angebot für einen Austausch, eine Debatte. Ich sehe meine Art des Kinos als Abenteuer des eigenen Geistes, das zum Denken provoziert. Sollen wir denn alles ohne Fragen akzeptieren?« erklärte er 2003 auf der Pressekonferenz seiner Roland-Reber-Filmreihe während des Filmfestivals in Kalkutta.

Kolkata IFF, Indien 2003

1999 drehte Roland den Spielfilm *das zimmer*, einen Psycho-Thriller, mit dem er jahrelang zu internationalen Filmfestivals rund um den Globus reiste und der mit 6 internationalen Preisen ausgezeichnet wurde.

Doch seine Herangehensweise bleibt dieselbe: Am Anfang gibt es eine Grundidee, die einem Gespräch, einem Erlebnis oder einem seiner Texte entsprungen sein kann. Diese entwickelt er dann gemeinsam mit den Schauspielern weiter, bis sich irgendwann Charaktere herausbilden und eine Geschichte entsteht.

»Ich glaube nicht an Geschichtenerzählen im narrativen Stil, da unser Leben auch nicht wie eine Geschichte mit vorgefasster Struktur und Ordnung geschrieben ist«, bekannte Roland des Öfteren in Interviews. »Das Leben ist ohne Text«, heißt es in *das zimmer*. »Es ist multidimensional mit abrupten Übergängen und alle meine Filme beinhalten in irgendeiner Weise die Suche nach Leben, Identität und dem Selbst.« (RR)

Dreharbeiten zu *das zimmer*, Luxor/Ägypten 2001

Diese Suche zeigte sich immer schon in seinen Texten und Gedichten. Nun wurde sie in den Filmfiguren lebendig. Die Filme wurden jetzt zu seiner Stimme, einer Stimme, die dank der zeitlosen Gültigkeit der Themen und der Kraft seiner Worte auch bei den Filmkritikern Gehör fand: »Der Star des Filmes sind die Dialoge, die der Regisseur geschrieben hat. Seine Sätze sind ergreifend: ›Im Leben fühl' ich mich oft wie ein leeres Blatt Papier oder wie ein Lied ohne Melodie‹ «, hieß es 2002 im Daily Bulletin des Cairo International Filmfestival über *das zimmer*.

Pressekonferenz Cairo IFF, Ägypten 2003

Gordon Weaver, ehem. Filmpublizist und Mitglied der Academy in Hollywood, schrieb über ihn, beginnend mit einem Zitat aus *The Dark Side of our Inner Space*: » ›Wenn wir die eingesperrten Gedanken - diese Krebsgeschwüre aufgestauter Fantasien - aus dem Kerker unserer Seele befreien, fließt der Eiter vielleicht ab, der unsere Sehnsucht ertränkt in dem Gift des nicht gelebten Lebens.‹ - dies sind die Worte eines Poeten, eines sehr begnadeten Poeten.«

Als würde er selbst dem Ruf einer Stimme folgen, wie es in den 2001 entstandenen Gedichten anklingt, reiste er weiterhin um die Welt, diesmal mit seinen Filmen im Gepäck.

Auf zahlreichen Filmfestivals und Workshops präsentierte er seine Idee vom Filmemachen, zum Beispiel in Ajijic in Mexiko, Sitges in Spanien, in Chicago und Hollywood, in Melbourne, London, Bangladesch, Ungarn, Thessaloniki, Beirut - und immer wieder, wie schon mit seinen Theaterprojekten, in Ägypten und Indien.

Prudent TV, IFFI Goa, Indien 2009

Dort wurde er 2009 auf dem IFFI Goa mit einem Roland-Reber-Tribute geehrt, bei dem alle sechs bis dahin entstandenen Filme gezeigt wurden.

Auch auf den Hofer Filmtagen liefen seine Filme nun regelmäßig vor einer wachsenden Fan-Gemeinschaft.

Denn die Zuschauer erkannten schnell die ganz eigene Poesie des Autors Roland Reber, oder, wie es Fritz Göttler, der Chefredakteur des Feuilletons der Süddeutschen Zeitung, einmal so schön geschrieben hatte: »Die Filme von Roland Reber und seinem kleinen verschworenen Team sind Fundstücke eines unabhängigen Kinos, wie es selten ist in der internationalen Kinolandschaft.«

»Filme von Roland Reber vergisst man nicht. Sie sind besonders ...« (kino-zeit.de)

»Roland Reber versteht es, die Lager zu spalten. Seine Filme hasst man oder man liebt sie.« (Olaf Francke, der-stoerenfried.de)

Dreharbeiten zu *Engel mit schmutzigen Flügeln*, 2009

Wie früher die Theaterstücke, lösen auch die Filme immer wieder Kontroversen aus, nicht nur in den Medien. Regelmäßig verlassen empörte Zuschauer Türen knallend die Kinosäle. Die Faszination des Schreckens oder irgendeine Art von masochistischem Lustgewinn führen sogar dazu, dass manche, die definitiv zu der ›man hasst sie‹ - Fraktion gehören, sich trotzdem alle Jahre wieder den neuesten Reber-Film anschauen, nur um diesen danach genüsslich zu zerreißen.

Über *Engel mit schmutzigen Flügeln* schrieb einer von ihnen, nachdem er die Premiere bei den Hofer Filmtagen gesehen hatte: Reber »stellte ein deutsches Softporno-Roadmovie vor, in dem die Sinn- und Lustsuche dreier phlegmatischer Motorradbräute durch absurd-künstliche Dialoge und echte Bumsszenen mit debilen

Swingerclub-Mitgliedern aufgelockert wurde. Gleich zu Beginn der Vorstellung fuhr eine der Darstellerinnen mit einem Motorrad vor die Leinwand, drehte extra das Gas auf und stänkerte das Kino mit Abgasen voll. Auf DVD nennt man das dann Bonusmaterial. Ein nicht unerheblicher Teil des Publikums verließ das Kino während des Films, ohne zurückzukommen.« (freitag.de)

Bei einer solchen Kritik breitet sich in der Regel ein schelmisches Lächeln auf Rolands Gesicht aus, denn für ihn gibt es keine schlechte Kritik, nur Meinungen.

»Schön anzusehender provokanter Film von Deutschlands Enfant Terrible unter den Regisseuren.« (DigitalVD)

Dreharbeiten zu *Die Wahrheit der Lüge*, 2011

»Ein Skandal ist, was die BILD dazu macht. Am 20. November 2009 berichtete das Boulevardblatt unter der Überschrift ›Die ARD-Nonne & Der Sex-Film‹ über Roland Rebers *Engel mit schmutzigen Flügeln*, in dem

Antje Nikola Mönning, die in der ARD-Serie *Um Himmels Willen* eine Nonne verkörpert, über Dildo-Spiele und Gruppensex zu sich selber findet. Daraufhin avancierte der Trailer innerhalb weniger Tage zum meistgeschauten in der Geschichte von Filmstarts … mit das Aufregendste, was das deutsche Kino aktuell zu bieten hat. … Und schließlich ist es der Luxus, auch mal Leuten vor den Kopf zu stoßen, der den Independent vom Mainstream abgrenzt.« (Filmstarts.de)

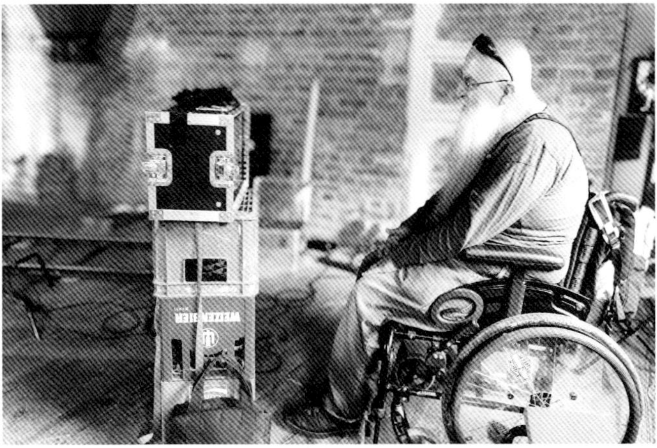

Dreharbeiten zu *Der Geschmack von Leben,* 2017

Roland ist sich und seiner Poesie also in jeder Hinsicht stets treu geblieben, ein Agent Provocateur, der immer wieder die verkrusteten Sicht- und Denkweisen der Gesellschaft in Frage stellt und doch zum »Kino-Buddha« avancierte, wie Hans Schifferle ihn in der Süddeutschen Zeitung beschrieb: »ganz Gedanken-Körperlichkeit mit einer Portion Selbstironie«.

Rolands Körperlichkeit ist inzwischen vielen Einschränkungen unterworfen. Seine Gedanken nicht. Und wir haben andere Wege gefunden, um miteinander zu kommunizieren.

Wenn ich sehe, wie Roland sich jeden Tag trotz aller Widrigkeiten hochkämpft und weitermacht, denke ich, dass ich kaum jemanden kenne, dessen ganzes Sein ein so großes, einziges JA an das Leben verkörpert.

Deswegen möchte ich meine kleine Einführung in die Filmjahre mit den Worten aus einer Rede beschließen, die ich in Rolands Namen bei der Premiere von *Roland Rebers Todesrevue* auf den Hofer Filmtagen 2019 vorgelesen habe - neben ihm stehend, denn natürlich hat er es sich nicht nehmen lassen, auch diesmal wieder persönlich nach Hof zu reisen.

Roland Rebers Todesrevue, Hofer Filmtage 2019

»Hey Leute, herzlich willkommen bei der Premiere zu unserem neuesten Werk.

Ich sage bewusst ›unser‹, denn dieser Film ist eine große Ensemble-Leistung und dafür möchte ich mich bei allen Beteiligten bedanken. Danke für euer Engagement, danke für eure Kreativität und danke für eure Bereitschaft, euch auf unsere Art des Filmemachens einzulassen - und auf die ungewöhnliche wortlose Kommunikation mit mir.

Wenn sich jetzt einige fragen, wie geht das - Regie führen ohne Worte -, dann kann ich nur sagen, dass ich Regie nie als Kommandozentrale verstanden habe, sondern als ein Erschaffen von Atmosphären, die den Künstlern vor und hinter der Kamera die Möglichkeit geben, sich voll zu entfalten - und das geht auch wunderbar ohne viel Worte.

Für mich ist dieser Film ein Plädoyer für den respektvollen Umgang mit dem Leben - und dem Tod, der zum Leben dazugehört. ›Mein Tod, der ist ein Schmetterling, der fliegt mir stets entgegen‹ - das ist Leben.

Ich habe früher einmal ein paar Sachen aufgezählt, bei denen ich dachte, dass ohne sie mein Leben nicht mehr lebenswert ist. Dazu gehörten u. a. das Gehen, Lesen, Reden, die absolute Eigenständigkeit. All das habe ich nach einem Schlaganfall zum Großteil eingebüßt. Und ich habe erkannt, dass mein Leben trotz vieler Einschränkungen immer noch sehr lebenswert ist. Und ich genieße es jeden Tag in vollen Zügen. Und das solltet ihr auch. Denn: Mitmachen lohnt sich.

Euer Roland.«

32 **INNEN. INFOBRETT - MORGEN** 32

Roland

Auf dem Brett steht: "Ihre Schwester will kommen". ROLAND liest es, wischt es ab und schreibt: "Der liebste Besuch ist der, der nicht kommt. NEIN !"

33 **INNEN. WOHNZIMMER - TAG** 33

Schachspiel ist fortgeschritten.

34 **INNEN. WOHNZIMMER - NACHMITTAG** 34

Mira, antje

MIRA sitzt mit einem Glas Wein auf dem Sofa. ANTJE steht. Während des folgenden Dialogs trinkt sie immer weiter.

MIRA

Ich bin ja an einige Verrücktheiten von ihm gewöhnt, aber das schlägt alles. Ich soll im Hotel übernachten ? Wie eine Touristin ? Es waren auch meine Eltern, die dieses Haus gebaut haben. Im Hotel...

ANTJE

So hat er es mir aufgeschrieben.

MIRA

(lauter werdend)

Hotel ! Damit er sich hier mit dieser Nutte treffen kann und seine abstrusen Inszenierungen machen ? Ich komme wahrlich nicht oft. Die Zeit kann sich mein Herr Bruder schon nehmen. Er macht ja nichts mehr außer sich mit dieser Hure treffen und Motorrad fahren. Und sie stehen herum und sagen nichts. Oder sprechen Sie auch nicht mehr ?

ANTJE

Was soll ich sagen. Ich arbeite für ihn und befolge meine Anweisungen.

MIRA

Und besorgen es ihm nachts, wie diese Hure.

ANTJE

Weder ich noch sie tun das.

MIRA

Aha, er zahlt diese Hure und sie fürs Nichtstun ? Ist es so ?

ANTJE

Mich zahlt er weil ich den Haushalt führe und sie zahlt er damit sie seine Einsamkeit überwindet und seine Trauer.

MIRA
Trauer ! Trauer ist gut, wichtig, notwendig. Aber zwölf Jahre lang ? Ist ein bisschen viel Trauer für dieses Weib, dass ihn betrogen, hintergangen und sich dann auch noch umgebracht hat. Zwölf Jahre.

Mittlerweile ist sie sehr betrunken.

MIRA (CONT'D)
Dieses Haus haben meine Eltern "Edelweiß" genannt. So stand es auch an der Hauswand : Edelweiß. Dann hat er es geerbt und Kernow genannt. So steht es jetzt an der Hauswand. Kernow. Wissen Sie das Kernow der alte Name von Cornwell in England ist ? Was hat mein Bruder mit Cornwell zu tun. Nichts. Und als ich ihn gefragt habe, warum "Kernow", hat er mir gesagt: "Weil ich noch nie dort war und wahrscheinlich auch nie nach Cornwell kommen werde. Deshalb nenne ich es Kernow." Verstehen Sie das ?

ANTJE
Ich glaube schon. Ein Ort an dem er nie ankommen wird.

MIRA
Haben Sie mein Zimmer gebucht ? Oder soll ich auch nicht ankommen?

ANTJE
Ich buche es gleich

Antje geht. Mira schenkt sich nach.

MIRA
Edelweiß war am Haus gestanden.

(Textseite aus *Kernow*, Drehbuch, Verbier/Schweiz, 2010)

Dreharbeiten zu *Die Wahrheit der Lüge*, 2011

Warum fällt mir die Wahrheit so schwer?

Ist es, weil keine Wahrheit in mir ist? Oder ist alles wahr und ich nur nicht fähig, es zu fassen?
Was ist echt, was ist wahr?
Das Leben als Fragezeichen.
Eine unendliche Kette aus Lügen, die sich zu einer Wahrheit verdichtet?
Worte sind gestorbene Gefühle, aber haben sie je gelebt? Oder ist alles nur Konstrukt, Phantasmagorie eines irrenden Geistes?
Ist das Leben nur die Summe aller Illusionen?
Müssen wir uns nur lange genug belügen, um eine Wahrheit zu schaffen?
Meine Sehnsucht nach Erkenntnis ist groß, mein Vergessen größer.
Die Illusion vom Sein.
Sind wir nur Moleküle, die von unserer Selbstüberschätzung geschaffen werden und sich Welt nennen?
Ich weiß es nicht.

(Gedanken zu der Filmidee
Das schmutzige bisschen Leben, Januar 2008)

Ich will auf der Bühne sein.
Im Leben fühle ich mich oft wie ein leeres
Blatt Papier, – ein Lied ohne Melodie.
aber ich bin Musik wenn ich auf
der Bühne bin.
Im Leben kenne ich den Text nicht.
Ich will also das Ende lesen, damit ich das
Jetzt lesen kann.
Leben. Leben ist ohne Text oder schlecht geschrieben
Wer hat mich geschrieben?
Bin ich schon ein Manuskript. Oder nur
eine Idee.
—

(aus dem Spielfilm *das zimmer*, 1999)

Eröffnung Siliguri IFF, Indien 2003

Über Zensur

Die meisten Länder erlauben das Zeigen von extrem expliziter Gewalt, aber sobald ein Film eine nackte Frau zeigt, wird er sofort verboten.

Es stellt sich die Frage, was genau schädlicher für die Gesellschaft ist, ein zersägter oder ein nackter Körper.

Das ganze Konzept ist fehlerhaft und unlogisch. Wenn jemand Anstoß an einem Film nimmt, dann obliegt es ihm oder ihr, den Kinosaal zu verlassen.

Zuschauer, die an einem Festival teilnehmen, nehmen teil an einem Dialog zwischen zwei Ländern. Wenn dies die Erwähnung der größten menschlichen Kraft, der Sexualität, beinhaltet, sollte das nicht zu so einem negativen Wirbel führen.

Wenn man die Sexualität einer Gesellschaft beherrscht, beherrscht man die Gesellschaft; mache sie frei in ihrer Sexualität und du befreist die Gesellschaft; es ist nicht notwendig, jemanden vor seinem eigenen Körper zu schützen.

(Interview in der *New Age*, Dakha IFF/Bangladesch, 2004)

IFFI Goa, Indien 2009

Ich besitze ein Bild von einem Mann, der einsam vor einem Spiegel steht und sich selbst fotografiert. Der Fotoapparat in seiner Hand ist deutlich zu erkennen. So hat er ein Bild von sich selbst gemacht.
Vielleicht sind wir alle Figuren, die vor Spiegeln stehen und uns nur selbst sehen, in unserer Verlassenheit.
(aus dem Spielfilm *The Dark Side of our Inner Space*, 2003)

Ich kenne einen Mann. Von dem habe ich eine Fotografie. Er steht vor einem Spiegel und fotografiert sich selbst. Auf dem Bild ist die Kamera in seiner Hand noch zu erkennen. Er lächelt, er bemüht sich zu lächeln - so hat er ein Bild von sich gemacht.
Dieser Spiegel ist für mich Symbol für eine kurze Zeit des sich nicht alleine Fühlens.

(aus der Urfassung von *allsam,* 1980)

Yucatan, Mexiko 2001

Schicksal,

Du hast mich gerufen
in ein Land voll Kummer und Leid.
Schicksal, Du hast mich gerufen
und ich war immer bereit.
In so vielen Schatten gewesen
in so viel schlafloser Nacht.
In so vielen Qualen gelegen
gegen die dunkle Macht.
Wie oft wirst Du mich noch rufen,
wie oft werde ich dann noch sein
in einer Welt voller Sorgen,
umgeben von Herzen aus Stein.
Schicksal, ich sehe die Neuen,
die nach mir Dein Rufen erhören.
Wann Schicksal,
wann
wirst Du mir Frieden gewähren.
Du weißt, ich werde nie fliehen,
werde stehen, solange es geht.
Und wie ein Blatt dann vergehen,
vom Winde nach Waset geweht.

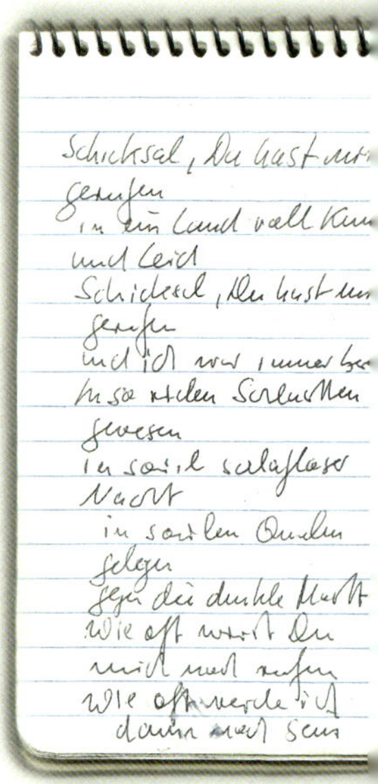

(29.7.2001, Flug Kairo - München)

Waset = religiöses Zentrum von Altägypten, heutiges Luxor

Mexiko, 2001

16.02.04

Das Buch der Liebe für Hb

Dies ist das Buch der Liebe
Geschrieben in der Zeit der Leere
In der aller Sinn verloren scheint
In der Endlosigkeit der Gefühle.

Wo sind die Stimmen
die einst füllten den Raum unseres Seins?
Wo sind die Lieder
die einst erklungen sind in unseren Herzen?

Nur Stille ist und Kälte
Nur Schweigen und Dunkelheit

Singe mir wieder die alten Weisen, du
Stimme Troubadour.

Künden will ich
Zeuge und Erinnerer
sein. Der Chronist der
Liebe

Das Land unserer Seele ist leer geworden
und ausgetrocknet die Brunnen unserer
Gefühle. Ist denn kein Regen mehr? Keine
Blume, die die dürre Erde durchbricht
und Hoffnung verheißt in diesen Tagen?

So soll meine Feder der Regen sein
und der Wind, der in leere Dürre weht
und Euch erzählt von jenen Wundern
daß der Ursprung und die Fülle ist.

Das Buch der Liebe für MG

Dies ist das Buch der Liebe,
geschrieben in der Zeit der Leere,
in der aller Sinn verloren scheint
in der Endlosigkeit der Gefühle.

Wo sind die Stimmen,
die einst füllten den Raum unseres Seins?
Wo sind die Lieder,
die einst erklungen sind in unseren Herzen?

Nur Stille ist und Kälte.
Nur Schweigen und Dunkelheit.

Singe mir wieder die alten Weisen, du
stummer Troubadour.

Das Land unserer Seele ist leer geworden und ausgetrocknet die Brunnen unserer Gefühle. Ist da kein Regen mehr? Keine Blume, die die dürre Erde durchbricht und Hoffnung verheißt in diesen Tagen?

So soll meine Feder der Regen sein. Und der Wind, der in Eure Dürre weht und Euch erzählt von jenem Wunder, das der Urgrund und die Fülle ist.

Künden will ich, Zunge und Erinnerung sein.

Der Chronist der Liebe.

Und als die Tage des Löwen … so beginnt das *Buch des Löwen*. Singe, singe wieder, alter Sänger, damit Deine Lieder die Leere wieder füllen, die unsere Herzen ergriffen hat.

Und es wird erzählt in den elenden Hütten, derer, die die Zeit des Hasses überlebt haben, dass man draußen in der Wüste alte Schriften gefunden hat aus der Zeit vor der Gefühllosigkeit, aufgezeichnet von jenem blinden Sänger, der einst wanderte in der einsamen Landschaft, die wir unsere Heimat nennen.

Und ich traf einen alten Wanderer, der müde war von all der Suche, all dem Hoffen, all den Erwartungen. Und ich sah in seine Augen, die zu viel gesehen haben, um noch zu leuchten. In seinem stumpfen Blick versank ich wie in einem Meer aus Trauer. Und seine Augen sahen nach innen mehr denn nach außen. Denn müde war er geworden auf seiner langen Wanderung.

»Ist noch Leben in Dir, alter Mann?«, fragte ich ihn.

»Ist noch ein Morgen in Deinen Gedanken oder nur noch das endlose Gestern der Trauer?«

Und stumm blickte er mich an. Und sein Blick sagte mehr als alle Worte der Erde. Zitternd griff er in seinen Wanderbeutel, der ihn umschlang wie ein alter und gleichzeitig sein einziger Gefährte. Und seine zitternden Hände zogen ein altes Manuskript daraus hervor, das er mir reichte mit Zögern, so als könne er sich nicht entscheiden ob er

Das Buch des Löwen = Text von 1992, aufgeschrieben aus der erahnten Erinnerung

Und stumm blickte er mich an. Und sein Blick sagte mehr als alle Worte der Erde. Zitternd griff er in seine Wanderbeutel, der ihn umschlag, wie ein alter und gleichzeitig sein einziger Gefährte. Und seine zitternden Hände zogen ein altes Manuskript daraus hervor, daß er mir reichte mit Zögern, so als könne er sich nicht entscheiden ob er

Kinotour, Karlsruhe 2010

Ich danke euch
für eure Geduld.
Vielleicht sind wir alle
Figuren in einem Roman
mit vielen Seiten.
Aber wenn wir alle Figuren
in einem Roman sind,
wer hat uns geschrieben?

(aus dem Spielfilm *das zimmer*, 1999)

Publikumsgespräch *24/7 The Passion of Life*, Mannheim 2009

Danke - aus vollem Herzen

Danke an Marina, die mich und meine kreative Reise 22 Jahre lang begleitet hat.

Mein ganz besonderer Dank gilt Mira, Antje, Patricia, Ute und Claire - meine langjährigen, treuen und kreativen Gefährtinnen. Danke, dass ihr immer noch an meiner Seite steht.

Roland
(Wohnzimmer, 1.06.2022, 17 Uhr 15)

Nachwort

Ein Buch wird nie wirklich fertig, so wie ein Film nie wirklich fertig wird, aber man kommt irgendwann doch zu einem Ende ... wir wollten das Buch ja auch veröffentlichen - denn die nächsten Ideen scharren schon in unseren Hirnwindungen und möchten raus aus der analogen Festplatte und rauf auf die digitale.

Wenn ihr den neuen Projekten folgen wollt (neue Projekte sind u. a. die Veröffentlichung des Buches *Das Buch des Löwen* oder die Entstehung des multimedialen Mystery-Romans *Die Sieben Orte*) - dann meldet euch doch zu unserem Newsletter auf unserer Webseite www.wtp-verlag.de an, dann seid ihr immer ›up to date‹.

Und wenn euch das Buch gefallen oder missfallen hat, dann posaunt es laut heraus, tippt es in Bewertungen oder teilt es in den sozialen Netzwerken. Denn: es gibt keine schlechte Kritik, nur Meinungen.

Da wir trotz ausgiebiger Recherche - ein besonderer Dank gilt hier Frau Dörte Hein vom Stadtarchiv Bochum, die in Presseartikeln und Programmheften des Schauspielhauses Bochum stöberte, um unsere Bilder den jeweiligen Fotografen zuzuordnen - nicht alle Fotografinnen und Fotografen ausfindig machen konnten, bitten wir diese, sich nachträglich bei uns zu melden.

Es war ein gedankliches Abenteuer, so intensiv mit Rolands Texten durch die Zeiten zu reisen, und es war auch ein bisschen wie bei der Entwicklung unserer Filme - wenn die Muse richtig in Fahrt kommt, fließen aus der Quelle viele kleine Bachläufe und vereinigen sich dann in einem großen Strom.

Einer dieser Bachläufe ist Angelika Löcher, die uns

noch mit einigen Original-Texten von Roland aus seiner Ludwigshafener Zeit überraschte. Danke hierfür.

Manche Läufe, so haben wir während unserer Recherche erfahren, sind inzwischen schon fast oder ganz versiegt, es zeugen nur noch Rinnen von ihrer Existenz: Programmhefte, Fotografien von Bühnenauftritten oder vom Schnittplatz, Zeitungsartikel.

Und da fällt mir wieder Rolands Gedicht von 1986 ein, das jeden Tag ein Stückchen näher rückt:

Wenn ich die alten Bilder sehe,
fallen mir oft die Namen nicht ein.
Ich sehe den einen oder anderen lachen
und weiß, auch er wird jetzt einsam sein.
Was haben wir alle werden wollen
und sind doch nur älter geworden.
Was wollten wir alles verändern,
das Gestern, das Heute, das Morgen.
Und haben so oft erfahren,
dass wieder einer fehlt,
als sie uns riefen beim Namen,
dass man uns wieder mal zählt.
So werden wir weniger werden,
bis einer der Letzte ist,
und jenen bringt die Kunde.
Hoffe, dass Du es nicht bist.

(MG, 29.8.2022, 13 Uhr 43, Küche)

Dreharbeiten zu *das zimmer,* Luxor/Ägypten 2001

Anhang

Bildnachweis

Vielen Dank an alle Fotografinnen und Fotografen, die diese wunderbaren Eindrücke abgelichtet und uns für dieses Buch zur Verfügung gestellt haben.

Da wir trotz ausgiebiger Recherche nicht alle RechteinhaberInnen ausfindig machen konnten, bitten wir diese, sich nachträglich bei uns zu melden, wir werden begründete Ansprüche selbstverständlich erfüllen.

Abbildungen ohne Bildnachweis stammen aus privatem Besitz.

S. 10, 30, 62, 74, 91, 144, 155, 166, 167, 208 unbekannt
S. 29, 39, 106, 110, 114 ©Gudrun Schretzmeier
S. 46, 50, 58, 60, 80, 89, 116, 288 ©Angelika Löcher
S. 54, 82, 96, 100, 102 ©Thomas Eichhorn
S. 86, 121, 125, 127 ©VIRGINIA - Virginia Schmidt, Hamburg
S. 123, 136, 146, 148, 163, 167, 175 ©Klaus Sannemann
S. 128 ©Christoph Preker
S. 130 ©W. Wiebold
S. 131 ©Thomas Schulte
S. 135 ©JoSchwartz.com
S. 139 ©Manfred Otto
S. 152 ©Petra Bürger
S. 156 ©Werner Groneck
S. 160 ©Rudolf M. Rohe
S. 172 ©Carl Brunn
S. 177, 187, 188, 198, 250, 273 ©Mira Gittner
S. 220, 230 ©Ralf Sagorny
S. 236 ©Rudolf Majer-Finkes
S. 249 ©Dieter Neidhardt
S. 253 - 256, 258, 259, 264 ©wtp international GmbH
S. 257 ©Patricia Koch
S. 278 ©Volker Wasserthal

Verbier/Schweiz, 2010

Roland Reber ... Texte, Theater, Film

Texte

Gedichte und Essays (1973-2008)
Und suchen stets nach Dir, Theaterstück, Fragment, 1973
Westhold , Romanfragment, 1973
Geständnis eines Schweines, Theaterstück, Fragment, 1973
Stille Nacht, Theaterstück, 1974
… und bleiben doch allein, Drama in 3 Akten, 1974
Ich bin ein Schwein, Theaterstück, 1975
Brasilien, Theaterstück, Fragment, 1975
Elefantenfriedhof, Romanfragment, 1975
Allein, Kurzgeschichte, 1975
Die Unschuldigen, Theaterstück, Fragment, 1975
Ausverkauf eines Helden, Trauerspiel, Fragment, 1976
Die kurze Zeit der Zärtlichkeit, Drehbuch, 1981,
2. Drehbuchfassung 2000
Echnaton, Roman, Fragment, 1987
Das Buch des Löwen, aufgezeichnet aus der erahnten Erinnerung, 1992
Zeit zum Schweigen, Drehbuch, Fragment, 1998
Hotel der verlorenen Träume, 1. Drehbuchfassung 2001
2. Drehbuchfassung 2020
Kernow, Drehbuch, Fragment, 2010
allsam, Drehbuchfassung, 2021

Bücher

psst … Gedichte, Gedanken, Geschichten
multimediales Buch, eBook, Hörbuch, veröffentlicht 2022
Hörbuchfassung mit Roland Reber, Mira Gittner, Antje Nikola Mönning

Das Buch des Löwen
aufgezeichnet aus der erahnten Erinnerung
Buch und eBook, Veröffentlichung 2023
mit Illustrationen von Ute Meisenheimer

Mistero Buffo, 1977

Theaterstücke (Buch und Regie)

allsam
Uraufführung 5.9.1980, Curio-Haus, Hamburg
mit Dietmar Schumacher, Karin Dorsch, Roland Reber
Regieassistenz: Hans Peter Korff
2. Fassung 18.11.1981, Bochumer Zeche
mit Dietmar Schumacher, Sina Schmidt
3. Fassung 7.12.1984, Schulenburg, Hattingen
mit Jochen Nickel, Fee Sachse

und suche stets nach Dir
Uraufführung 1982, Künstlerforum Schulenburg
mit Joe Bausch, Dunja Berthold, Fee Sachse

Herz in Formalin
Solo-Abend mit Texten von und mit Roland Reber
Uraufführung 24.2.1983, Künstlerkeller Hattingen

Hotel der verlorenen Träume
Uraufführung 23.9.1983, Schulenburg, Hattingen
mit Joe Bausch, Jochen Nickel, Roland Reber, Annette Bleckmann, Ludger Burmann, Frank Hölz, Kriszti Kiss, Carsten Lorenz

Die Todesrevue
Uraufführung 22.6.1984, Schulenburg, Hattingen
mit Jochen Nickel, Roland Reber, Annette Bleckmann, Thirza Bruncken, Frank Hölz, Anja Huhn, Aryan van Laar, Ruud van Laar, Carsten Lorenz, Harry Polster, Fee Sachse, Nina Schühly, Dörte Stoltenberg

Mein Traum ist nur ein krankes Kind
Uraufführung 7.12.1985, Heinz-Hilpert Theater, Lünen
mit Joe Bausch, Günther Boas, Jochen Nickel, Roland Reber, Friedrich Gaus, Frank Hölz, Hans-Wilhelm Lösch, Ute Meisenheimer, Fee Sachse, Wolfgang Sperling, Jule Vollmer

Merlin oder Die gescheiterte Utopie
Uraufführung 6.9.1986, Heinz-Hilpert Theater, Lünen
mit Joe Bausch, Jochen Nickel, Roland Reber, Friedrich Gaus, Frank Hölz, Ute Meisenheimer, Fee Sachse, Jule Vollmer, Jens Delhey

Friedrich oder Der Winterkönig
Uraufführung 1987, Heinz-Hilpert Theater, Lünen
mit Friedrich Gaus, Friedhelm Höhner, Frank Hölz, Ute Meisenheimer, Roland Reber, Fee Sachse, Jule Vollmer

Die Raupe versteht den Schmetterling nicht
Uraufführung 19.9.1987, Heinz-Hilpert Theater, Lünen
mit Ute Meisenheimer, Gun Oehlert, Fee Sachse

Die Zeit verschlingt ihre Bilder
Uraufführung 9.12.1988, Heinz-Hilpert Theater, Lünen
(Ägypten-Teil des Welt Theater Projektes)
mit Friedrich Gaus, Frank Hölz, Ute Meisenheimer, Gun Oehlert, Fee Sachse

Stranger than the Moon
Uraufführung 1990, Kingston/Jamaika
(Jamaika-Teil des Welt Theater Projektes)
mit Carl Davis, Leonie Forbes, Frank Hölz, Ute Meisenheimer, Gun Oehlert, Maxine Osbourne, Roland Reber, Fee Sachse, Horatio Sculley, Paula Taylor, Gracia Thompson

Ich leb' hier nur noch im Exil
Solo-Abend 1991 mit Texten von und mit Roland Reber, Bochumer Kulturrat e.V./Zeche Lothringen, Bochum

Beyond the Horizon
Uraufführung 8.1.1993, Creative Arts Centre, Kingston/Jamaika (Jamaika-Teil des Welt Theater Projektes)
mit Glen Campbell, Denise Francis-Robinson, Steve E. S.

Higgins, Leonie Forbes, Frank Hölz, Ute Meisenheimer, Andreas Peckelsen, Tina Puckerin/Ursula Buschhorn, Denise Sachse, Fee Sachse

I thought You had gone as well
Uraufführung 4.11.1994, Neu-Delhi/Indien
(Indien-Teil des Welt Theater Projektes)
mit Andreas Peckelsen, Leonie Forbes, Frank Hölz, Glen Campbell, Ute Meisenheimer, Mira Gittner, Susanne Knierim, Sonja Modder, Leonie Forbes, Denise Francis-Robinson, Glen Campbell, Steve Higgins, Shri Gemini Ganesan, Paritosh Sand, Kumud Kumar Mishra, Harsh Khurana, Nandita Chaudhuri, Tannishta Chatterje

Filme (Buch und Regie)

Ihr habt meine Seele gebogen wie einen schönen Tänzer
Drama, 1979
mit Hans-Joachim Luger, Rainer Schmitt, Ortrud Beginnen, Tamara Kafka, Tana Schanzara, Wolf Meissner, Heino Bahner, Stephan Blezinger, Nina Schühly, Michaela Rosenhahn, Inge Schultz, Barbara Klein, Hermann Günther, Eva Müller-Kühn, Herbert Besser, Traute Eichhorn, Dietmar Schumacher, Jochen Sommer, Joachim Krebs-Hetberg, Lutz Reichert, Joerg Maecker, Gotthard Kuppel, Dr. Rudolf Meyer, Jutta Seemann, Roland Reber u. v. m.

Manuel
Kurzfilm-Projekt mit Jugendlichen, 1998
mit Max Schoeppe, Lena Buerck, Simon Brandl, Anna Schoeppe, Bernadette Holtzem u. v. m.

der Fernsehauftritt
Kurzfilm-Satire, 1999
mit Mira Gittner, Claire Plaut

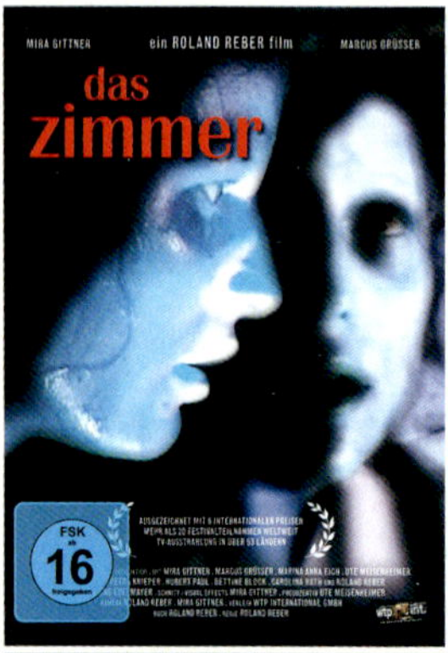
MIRA GITTNER
ein ROLAND REBER film
MARCUS GRÜSSER
das zimmer
FSK ab 16 freigegeben

MIRA GITTNER
ein ROLAND REBER film
MARINA ANNA EICH
PENTAMAGICA
Alles, was Sie nie über Magie wissen wollten
FSK ab 16 freigegeben

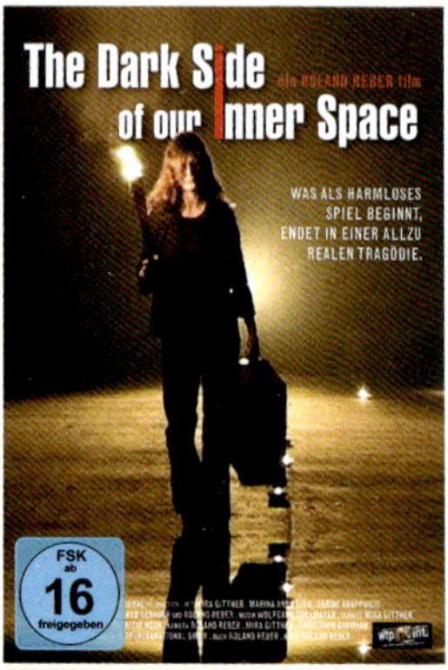
The Dark Side of our Inner Space
ein ROLAND REBER film
WAS ALS HARMLOSES SPIEL BEGINNT, ENDET IN EINER ALLZU REALEN TRAGÖDIE.
FSK ab 16 freigegeben

24 / 7
The Passion of Life
24 Stunden am Tag / 7 Tage in der Woche
Mira Gittner
Marina Anna Eich
Michael Burkhardt
Christoph Baumann
... eine provokant - poetische Reise durch das Reich der Sexualität, der geheimen Lust und der öffentlichen Moral ...
Sehenswert.
(MÜNCHNER MERKUR)
Eine wilde Melange aus Poesie und Obszönitäten
(SÜDDEUTSCHE ZEITUNG)
Der wohl erste deutsche Spielfilm, der sich die Mühe macht, SM so zu zeigen, wie es ist.
(SCHLAGZEILEN)
FSK ab 18

Von den Machern von 24 / 7 The Passion of Life
DVD
Kraftvoll und aussergewöhnlich ... ein Abenteuer. (Teleschau)
Innovativ. (Filmdienst)
Eine Dramödie von Roland Reber
Eine bizarre Wundertüte. (Blickpunkt: Film)
MEIN TRAUM ODER
Die Einsamkeit ist nie allein
Woher weißt du, daß du wach bist?
FSK ab 16 freigegeben
Deutschlandweit EINMALIG. (kino-zeit.de)
Ein ausgeflippter Seelen(s)trip des "deutschen KINO-BUDDHAS" (Süddeutsche Zeitung) Roland Reber

"Mit das Aufregendste, was das deutsche Kino aktuell zu bieten hat."
Engel mit schmutzigen Flügeln
Skandal-Film!
FSK ab 18
Drei Frauen - Keine Moral
Wendecover
DVD

Hofer Filmtage 2011
IFF of India Goa 2011
Chennai IFF Indien 2011
Pune IFF Indien 2012
Fantasporto IFF Portugal 2012
von den Machern von ENGEL MIT SCHMUTZIGEN FLÜGELN und 24/7 THE PASSION OF LIFE
Die Wahrheit der Lüge
ein Film von Roland Reber
"Fazit: MEISTERWERK!" (deadline)
Grenzerfahrungen sind nur an der Grenze möglich.
Aber wo ist die Grenze?
FSK ab 16 freigegeben
www.diewahrheitderluege.com

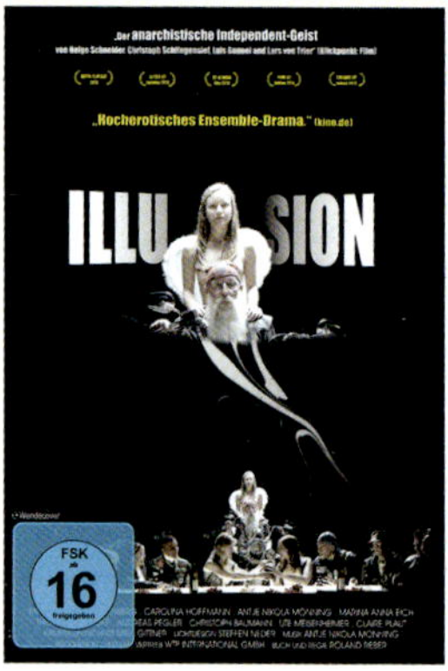
„Der anarchistische Independent-Geist von Helge Schneider, Christoph Schlingensief, Luis Buñuel und Lars von Trier" (Blickpunkt: Film)
„Hocherotisches Ensemble-Drama." (kino.de)
ILLUSION
FSK ab 16 freigegeben

Der Geschmack von Leben
FSK ab 18
Knipst du noch, oder lebst du schon ?

Roland Rebers
TODESREVUE
eine Mediensatire
FSK ab 12

das zimmer
Psycho-Thriller, 1999/2001
mit Mira Gittner, Marcus Grüsser, Marina Anna Eich, Claire Plaut, Ute Meisenheimer, Petra Knieper, Hubert Paul, Bettina Block, Carolina Rath, Roland Reber

der Koffer
Kurzfilm-Projekt mit Jugendlichen, 1999
mit Martine Miville, Susanne Brandl, Bernadette Holtzem, Max Schoeppe, Georg Friedrich Graf, Lena Buerck, Simon Brandl, Dorothea Otto, Kathrin Trauer, Sonja Störzbach, Sarah Fischer, Simon Bürner, Philipp Graßl, Wolfgang Sporrer, Marie Sophie Graf

Sind Mädchen Werwölfe ..?
Kurzfilm-Projekt mit Jugendlichen, 2001
mit Susanne Brandl, Wolfgang Sporrer, Philipp Graßl, Dorothea Otto, Vroni Heider, Johannes Sporrer, Manuel Marb, Niklas Graßl, Margit Barner , Julian Nast-Kolb, Martine Miville, Marie Sophie Graf

Pentamagica
Satire, 2002
mit Mira Gittner, Marina Anna Eich, Wilbur the pig, Claire Plaut, Ute Meisenheimer, Patricia Koch, Ingrit Gabriel, Manfred Gebauer, Manfred Eich, Kader Kone, Bernd Gittner, Thomas Sesar u. v. m.

The Dark Side of our Inner Space
Thriller, 2003
mit Mira Gittner, Marina Anna Eich, Sabine Krappweis, Christoph Baumann, Manfred Gebauer, Roland Reber

24/7 The Passion of Life
Erotik-Drama, 2004/2005
mit Marina Anna Eich, Mira Gittner, Christoph Baumann, Gummisau Nr.3, Michael Burkhardt, Reinhard Wendt, Sabine Krappweis, Zoltan Paul, Jan Lebr, Martin Bayer, Lydia Hippel, Patricia Koch, Anja Schönleben u. v. m.

Mein Traum oder Die Einsamkeit ist nie allein
Dramödie, 2007
mit Wolfgang Seidenberg, Mira Gittner, Marina Anna Eich, Antonio Exacoustos, Wolfram Kunkel, Barbara Schmidt, Sabrina Brencher, Andreas Heinzel, Sven Thiemann, Torsten Münchow, Charis Berger, Patricia Koch, Martina Schölzhorn, Roland Reber u. v. m.

Engel mit schmutzigen Flügeln
Erotik-Drama, 2009
mit Antje Nikola Mönning, Mira Gittner, Marina Anna Eich, Maren Scholz, Martin Kagerer, Patricia Koch, Tom, Andreas Prieschl, Racing Death Bavaria u. v. m.

Die Wahrheit der Lüge
Thriller, 2011
mit Christoph Baumann, Marina Anna Eich, Julia Jaschke, Antje Nikola Mönning, Andreas Pegler

Illusion
Drama, 2013
mit Carolina Hoffmann, Antje Nikola Mönning, Wolfgang Seidenberg, Marina Anna Eich, Andreas Pegler, Christoph Baumann, Ute Meisenheimer, Claire Plaut, Thomas Kollhoff, Martin Kagerer, Marcus B. Holzhauer, Roland Reber, Mira Gittner, Wilbur das Minischwein, Mädchen, Stephan Schmalholz, Sabine Mix u. v. m.

Der Geschmack von Leben
Erotik-Satire, 2017
mit Antje Nikola Mönning, Andreas Pegler, Wolfgang Seidenberg, Iris Boss, Agnes Thi-Mai, Norman Graue, Marina Anna Eich, Mira Gittner, Antonio Exacoustos, Ursula Berlinghof, Klaus Rohrmoser, Ute Meisenheimer, Claire Plaut, Steffen Neder, Birgit Reutter, Thomas Kollhoff, Marcus B. Holzhauer, Elisa Oberzig, Schwalbe, Roland Reber u. v. m.

Roland Rebers Todesrevue
Satire, 2019
mit Eisi Gulp, Wolfram Kunkel, Mira Gittner, Marina Anna Eich, Antje Nikola Mönning, Christian Buse, Wolfgang Seidenberg, Waltraut Borchmann, Ricci Hohlt, Martin Bayer, Eva Körber, Edeltraud Klein, Ilse Weber, Elisa Oberzig, Andreas Pegler, Sophie Röhrmoser, Viktoria Jenne, Carina Fritsch, Conny Hohenschläger, Florian Kottmair, Carsten Conrad, Daniel Kustermann, Thomas Willmann, Ute Meisenheimer, Thomas Bastkowski, Claire Plaut, Steffen Neder, Bernd Fuchs, Patrick Grimm, John „Massive“ Drake, Angelika Zoller u. v. m.

Das Buch des Löwen - Leseprobe

Kapitel 1 Vers 1

Und als die Tage des Löwen zu Ende gingen, kamen die Monate des Lammes. Und man schlug die, die stark gewesen waren und man erhörte nur noch die, die gefolgt waren dem Metzger, der sie rief. Und ein großes Feuer wurde ausgetreten in der Nacht. Und die Dunkelheit wurde fast allmächtig. Zitternd standen nun die Lämmer da, und kein Hirte war, sie zu führen. Und als es kalt wurde in der feuerlosen Nacht, gingen sie eng zueinander, um sich Wärme zu geben und Trost. Doch es ging nur eine Kälte aus von ihren Leibern. So erfroren viele in diesen Monaten. Oder aber, wenn der Morgen kam, und sie zur Schlachtbank gerufen wurden, stellten sie sich auf in Reih und Glied und folgten ihrem Untergang. Das Messer lobten sie, bevor es sie stach. Und den Schlächter priesen sie in Liedern voller Klang, die tonlos verhallten in der endlosen Stille des Todes.

Kapitel 6 Vers 4

Da kam Vater Tod, ihn zu holen, und traf den Blinden an seiner Seite. »Hast du kein Lied für mich, Blinder?« sagte er zu dem Bettler. Und dieser antwortete: »Den Lebenden sänge ich gerne, du aber, Vater Tod, bist selbst ein Lied. Was brauchst du meine Weisen?« Und der Tod berührte des Blinden Hand, so als wolle er ihn führen, und sprach: »Singe mir ein Lied, blinder Mann, und du sollst mich nie wiedersehen.« Der Blinde aber drehte sich nur um und ging stumm von dannen. Als er viele Meilen gegangen war, sagte er zu sich selbst: »Ein Narr wär ich gewesen, hätt ich dem Tode auf ewig nein gesagt. Denn häng ich zwar am Leben, das Dunkelheit nur für mich ist und eine kleine Melodie. Doch wie ein schönes Lied, so will auch ich mal enden, denn ewig lebt nur Qual und Monotonie.«

Roland Reber

Das Buch des Löwen

aufgezeichnet aus der erahnten Erinnerung

als Buch und eBook, 2023

mit Illustrationen von Ute Meisenheimer

www.wtp-verlag.de

Zugabe

https://www.wtpfilm.com/my-brother/

Zugabe ... zum Lachen

https://www.wtpfilm.com/die-fernbedienung/